Aprende a Generar Ingresos Con Tus Fotografías Imágenes Diseños Videos Audios

Juan Alejandro Carranza Herrera

Aviso Legal:

© Copyright - Juan Alejandro Carranza Herrera
Todos Los Derechos Reservados.

Usted NO tiene los Derechos de Reventa o de
Reimpresión de este conjunto de textos.
Por lo que NO podrá vender o entregar,
extraer o copiar y reproducir todo o parte de
los contenidos brindados en ningún formato,
ya sea electrónico, impreso u otras
formas de reproducción multimedia.

Responsabilidad e Información Legal:
La información contenida en este libro fue
realizada con fines educativos, y refleja el
punto de vista, opiniones, experiencias
y creencias de su autor en el momento de su
edición.

El Autor se ha esforzado para ser lo más claro posible,
sin embargo debido a la naturaleza cambiante
del mercado y entorno, no garantiza
que las estrategias y consejos aquí desarrollados
vayan a funcionar para usted, ya que además depende
de su propia dedicación, constancia y trabajo.

Más allá de haber realizado todos los intentos
por verificar la información provista en
esta publicación, el Editor no asume ninguna
responsabilidad por errores, omisiones,
o interpretaciones erróneas del tema aquí presentado.
Cualquier ofensa percibida de
personas u organizaciones es involuntaria.
Este libro no fue creado para ser utilizado
como una fuente de consejo legal, de
negocios, comercial o financiera.
Se advierte a los lectores a responder bajo su
propio juicio con respecto a las circunstancias
individuales y actuar en consecuencia.

Contenido

- Aviso Legal..
- Contenido..
- Introducción..
- Ingreso Lineal vs. Ingreso Residual..............
- ¿Qué requisitos y materiales requieres para la generación de tus ingresos residuales?....................
- ¿Qué o cuáles son los bancos de imágenes o de archivos y cómo formar parte de ellos?..........................
- Primer Banco de Archivos..........................
- Cómo subir material..................................
- Segundo Banco de Archivos......................
- Tercer Banco de Archivos..........................
- Crea tus propios álbumes artísticos y véndelos ....
- Otras formas de vender tus obras artísticas físicas o virtuales. ....
- Otras formas de vender tus obras artísticas físicas o virtuales. no 2..
- PayPal: El Banco Virtual..........................

Introducción

Bienvenido...

Antes de comenzar con el material y contenido de este sencillo manual, permíteme agradecerte el sólo hecho de que lo hayas adquirido (legalmente), te aseguro que lo realicé en base a la pregunta que todos los artistas visuales, plásticos o audiovisuales nos hacemos cuando terminamos nuestros estudios ya sean superiores o no, la pregunta es: ¿cómo vamos a dar a conocer nuestro trabajo y ser aceptados, además de generar ingresos con lo que estudiamos?

Así es, desgraciadamente sólo unos cuantos llegan a tener trabajos muy redituables en el ambiente artístico, aún cuando son muy talentosos y por consecuencia terminamos dándonos por vencidos y trabajando en un empleo que ni es por cerca al ambiente que nosotros soñamos cuando comenzamos a estudiar arte, fotografía, video, etc.
Sino muy por el contrario, trabajamos en una oficina, tienda, restaurante, o, simplemente buscamos otra carrera para encontrar la manera de obtener un ingreso, miserable o bueno, pero a fin de cuentas haciendo algo que no nos gusta.

Si tu eres artista profesional o aficionado, no importa, deberíamos saber cómo generar ingresos con nuestras obras cualquiera que fueran. Sabemos que los artistas generamos lo que se llama ingreso residual, si no sabes qué es, no te preocupes, hablaremos en el siguiente tema acerca de esto; con esto no estoy diciendo que harás una fortuna, pero si puedes llegar a generar ingresos dignos según la constancia y la calidad de material que vayas realizando.

Probablemente estés leyendo este sencillo manual porque te interesa saber cómo es que se puede generar un ingreso con tu trabajo personal, ya sean fotografías, videos, animación flash, vectores, incluso audio. Si es así, te sentirás aliviado con tan sólo saber que hay miles de oportunidades esperando por ti, es cuestión de que cuando sucedan no las dejes pasar, tómalas y aplícalas, el infierno está lleno sólo de buenas intenciones pero, no realizadas.

Quizá los consejos que vas a leer en delante, ya los hayas escuchado anteriormente, o, ya sabias parte del tema a tratar, pero nunca está de más poner manos a la obra, pero si no tienes idea, te recomiendo que seas contante, no te desesperes porque los frutos se cosechan después de cuidar la tierra, sembrar y regar, sin más redundancia y palabrería pongamos manos a la obra.

TODO LO QUE LA MENTE HUMANA PUEDA PENSAR O CONCEBIR, SE PUEDE REALIZAR: ¡PIENSA EN GRANDE!

Ingreso Lineal vs. Ingreso Residual

Estimado lector, presta mucha atención porque el tema en el que vamos a entrar no tiene precio. El título de este capítulo es precisamente lo que separa a los pobres de los ricos, la forma de vivir de las personas es en base a la educación financiera que recibieron de sus padres o de sus mentores. Para que veas la diferencia quiero hacerte una sencilla pregunta:

¿Qué te dijeron tus papás que debías hacer para ganar algo de dinero? Medítalo un momento...

Sin temor a equivocarme, a la gran mayoría de las personas nos dijeron nuestros papás: Mi hijo, estudia mucho y obtén buenas calificaciones para que en un futuro tengas un "buen trabajo", puedas tener un buen empleo y con mucho sacrificio puedas jubilarte porque en estos tiempos ya nada es fácil.
¿Te parecen conocidas estas palabras?
Desgraciadamente en la escuela tampoco nos dicen cómo ganar dinero con lo que estamos estudiando. Qué te parece si yo te digo (porque he indagado mucho en el tema) que tu puedes obtener ingresos durante toda tu vida con tan sólo trabajar un poco, pero trabajar con calidad, **"PENSANDO"**, no matándose, traspasándose, develándose, etc.
Observa a tu alrededor, piensa en los millonarios, muchos de ellos apenas terminaron la educación primaria, otros ni eso y otros más no llegaron o no terminaron la Universidad, sin embargo, sus fortunas no se las terminan ni sus tataranietos.
No estoy diciendo que estudiar sea malo, ¡NO!, muy por el contrario, es muy bueno, pero ciertamente, no es que uno tenga que trabajar como esclavo para apenas poder "vivir", trataré pues, de explicar la diferencia entre ingreso residual e ingreso lineal con la mayor claridad y lo más sencillo que se pueda para un entendimiento práctico y aplicable a la vida cotidiana.

a) Ingreso Lineal: Es el ingreso o la forma de ganar dinero más conocida por la mayoría de las personas aún en la actualidad, digo aún porque no debería ser así. Significa que, si trabajas, ganas dinero y si dejas de trabajar ya no ganas ni un centavo. Podemos encontrar este tipo de ingreso a donde quiera que uno va, por ejemplo, un empleado de cualquier negocio, si va a su empleo pues efectivamente le pagan, pero ¿qué tal si deja de ir? Si tiene suerte no lo despiden, pero de todos modos no le pagan nada.
Otro ejemplo, el señor que se creé dueño de su "negocio", como el dueño de su tienda, si abre la tienda y está atendiendo, gana dinero, pero, ¿que pasa el día que no la abre?, pues no gana ni un centavo partido por la mitad, ¿o no?
También como ejemplo, es muy común el que cobra por honorarios, como un Médico, Abogado o Arquitecto, por muy buen médico que sea con todos los reconocimientos del mundo en medicina, ¿qué pasa si no abre su consultorio y su despacho? Ya sabes la respuesta... así es,

no gana absolutamente nada de dinero.

Ese es el ingreso LINEAL, si trabajas ganas, si no trabajas, no ganas. ¿Te parece conocido o familiar?

Ahora, ¿te parece justo? el apenas ganar un poco para soportar el vivir día a día, con un sueldo miserable, no disfrutar a tu familia y no poder llevarlos a conocer otros países, o la playa que está cerca de ti, el restaurante lujoso que está en tu ciudad, al que sólo unas cuantas personas tienen acceso. Peor aún, muchas personas se creen ricas solo porque gastan y gastan, tienen carro, casa, pero solo gastan y están super llenos de deudas, estas personas no son ricas y no lo serán con ese estilo de vida, ni siquiera pueden ir al cumpleaños de su mamá o de su hijo porque tienen que ir al trabajo, eso no es riqueza, la riqueza se distingue por la abundancia de todo, familia, dinero, amor, seguridad, etc. Pero, ¿cómo se logra? La respuesta es... pon mucha atención, la respuesta es...

¡¡¡PENSANDO Y GENERANDO INGRESOS RESIDUALES!!!

De hecho existe un libro que se llama, "Piense y hágase rico", de Napoleón Hill; no dice trabaje y hágase rico, ¿verdad?

Entonces, ¿qué es el ingreso residual? Vayamos al grano.

b) Ingreso Residual: Se trata de aquel ingreso, que te da calidad de vida, fortuna, entre muchas otras bendiciones. Es el ingreso de los millonarios, de los exitosos, es el ingreso que todos podemos tener pero que no sabemos cómo ganar. Este ingreso no es fácil de conseguir pero, es cierto que todos podemos generarlo, sólo requiere constancia, prudencia, perseverancia, trabajo y humildad, pero ¿por qué humildad? si nuestros padres nos dijeron que el dinero es malo, que hace a las personas malas y déspotas. ¡Claro que no!, se necesita más carácter y sencillez para generarlo que el ingreso lineal, porque para generar ingresos residuales hay que ayudar mucho a otras personas.

Pero, ¿Cómo funciona pues? tranquilo, te digo que se necesita paciencia y ya estás desesperado, es broma...

Muy Bien, el Ingreso Residual, es aquel que se genera por medio del pensamiento, del intelecto de las personas, o más bien conocido como, Propiedad Intelectual, también se genera por el "apalancamiento" que explicaré en un momento, antes te diré como funciona.

Recuerdas que te dije, que en el ingreso lineal, si trabajas ganas y si no trabajas no ganas?

El Ingreso Residual no quiere decir que no vayas a trabajar, por supuesto que tienes que trabajar, pero, de una forma más inteligente, en el Ingreso Residual si trabajas ganas y si dejas de trabajar una vez terminado el proyecto sigues generando dinero de una manera extraordinaria, digo extraordinaria porque las personas extraordinarias son las que hacen algo extra, esa es la única diferencia.

¿No me crees? Te voy a dar un ejemplo, ¿conoces a Michael Jackson? ¿Cuántas veces escribió su canción de Thriller? La respuesta es UNA sola vez, pudo haber durado de uno a seis meses en terminarla pero esa canción hizo super millonario al señor MJ, y sigue ganando, aun después de su muerte millones de dólares, porque su canción y sus discos se siguen vendiendo como pan caliente.

Ese es el Ingreso Residual y todos podemos beneficiarnos de esos extraordinarios ingresos, y de hecho, de eso se trata este manual que pongo a tu disposición y que te encuentras leyendo en este momento,
en las siguientes páginas te voy a dar varios tips, consejos y lugares donde puedes empezar a generar ingresos residuales a partir de hoy, si te lo propones.

Imagínate que una de tus fotografías, dibujos, vectores, audios o videos, se venden cientos de veces en todo el mundo, ahora imagínate que no sólo es una fotografía lo que se vende cientos de veces, sino muchas de ellas. Prepárate para conocer el ingreso de los artistas y grandes empresarios, te recomiendo pongas en práctica todo lo que te voy a explicar porque una vez que domines estas técnicas, puedes lanzarte al mundo de los negocios en el ámbito que quieras, incluso tener varias empresas o negocios reales, funcionando y generándote esos ingresos que le darán calidad de vida a ti y a tu familia.

Sólo una advertencia, tienes que ser constante, profesional, responsable y JAMÁS darte por vencido, hasta que logres tu meta y así poder dar un segundo paso, recuerda que nunca serás un perdedor hasta que te des por vencido, porque los perdedores son los que renuncian y dejan de hacer las cosas, así que mientras apliques todo lo que te voy a decir, aunque te cueste trabajo no serás perdedor.

Quieres verte a ti y a tu familia, felices y en abundancia, pues entonces piensa y genera ingresos residuales, aunque conserves tu empleo o trabajo mientras pasas la transición de un lugar a otro, trabajemos juntos, yo te apoyo y estoy a tus órdenes para las dudas, aún yo estoy en proceso de ese cambio, pero sé que lo lograré al igual que tú. Sigo teniendo un jefe y un empleo, pero ya sé cómo ir generando esos ingresos residuales, al igual que yo, no te des por vencido. Pasemos pues a la práctica de una vez.

¿Qué requisitos y materiales requieres para la generación de tus ingresos residuales?

Estamos ya en la parte práctica de este pequeño manual de referencia, en donde realmente vamos a empezar a desempeñarnos en nuestra área o profesión.

Si tu eres un artista visual o audiovisual vas a encontrar aquí una oportunidad tremenda de venta de tu material, casi en piloto automático, si eres ingeniero en audio también tienes ese mismo potencial. Lo único que si te recomiendo por beneficio propio es, que todo lo que realices, tiene que ser de la mejor calidad que puedas, para que seas recompensado lo más pronto posible.

El material que vas a necesitar para la construcción de tu material, es por demás obvio, pero lo mencionaré porque nunca falta alguien muy despistado:

 a) Lo más importante de todo; IMAGINACIÓN Y CREATIVIDAD
 b) Si eres fotógrafo, tu cámara digital siempre en la más alta resolución. Si eres audiovisual, tu cámara de video y audio, (alta resolución). Ingeniero de audio, tu grabadora digital y micrófono (alta resolución). Diseñador, tu computadora y software, músico igual, etc.
 c) Es absolutamente necesaria tu computadora, tu software (entre más profesional mucho mejor), acceso a internet y un programa de FTP para subir los archivos a los bancos de imágenes o archivos ubicados en la red.
 d) Practica mucho hasta que vayas mejorando mucho la calidad de tu trabajo. Cuida mucho la técnica y limpieza en tu trabajo.
 e) Ganas de obtener mayores ingresos día con día.

Si observas no son muchos los requisitos, pero si es muy importante que seas mejor cada día para que vendas tu material al mejor precio, entre más calidad vayas obteniendo más caro puedes vender tus obras y muchas más veces.

En la actualidad, miles de empresas o incluso la prensa y los medios masivos de comunicación buscan sus recursos publicitarios, como diseños, fotos, archivos, audios, videos, música, etc. en los bancos de archivos, imágenes o videos que se encuentran en internet, pero lo más importante es que buscan alta calidad y nosotros como artistas estamos ofreciendo lo que ellos buscan.

Una sola empresa requiere de cientos de estos archivos cada mes, así que este negocio es y será bien remunerado durante mucho tiempo. Si no entiendes varios de los conceptos que van apareciendo en este manual, no te preocupes porque poco a poco te irás familiarizando con los conceptos y aplicaciones, pero si ya sabes algo de lo que te estoy hablando te pido paciencia para que todos vayamos al mismo paso.

En este momento de la historia, los avances tecnológicos nos facilitan tanto las cosas que, es absolutamente necesario estar al día para vivir de una manera muy cómoda, las personas que se han estado resistiendo a esta época será la más perjudicada, por eso es que la mayoría de las personas piensan que el pan se consigue aún con el sudor de la frente; y precisamente estimados lectores, lo que nos separa a los humanos del resto de los animales, es la MENTE, la capacidad para resolver todos los problemas y vivir cada vez mejor, llegará el día en que todos vivamos de una manera placentera gracias a nuestras facultades mentales y nos comunicaremos de diferentes maneras a las conocidas en la actualidad.

Volviendo al tema, quiero que estés enterado de que tus archivos (fotos, videos, etc.) podrán ser vendidos cientos y hasta miles de veces a través de algunos portales de la red, así que si tú te dedicas a crear un archivo al día de excelente calidad, en un año tendrás 365 archivos que podrán ser vendidos tantas veces como sea posible y lo mejor de todo es que, una vez que subas tu archivo a los bancos, no tienes que preocuparte por hacer una entrega vía correo o paquetería, porque el archivo es totalmente digital, por lo que las empresas lo descargan a sus computadoras y tú verás cómo crece tu ingreso al vender sin que tú estés presente físicamente, sólo recibiendo esos ingresos a través de pagos automatizados a tu cuenta bancaria, esto se llama clonación de personalidad porque tu archivo se vende automáticamente, los 365 días del año las 24 horas del día, es como tener tu negocio abierto todo el tiempo, porque cuando duermen en México, están comprando en España o Europa, ¿qué te parece? Increíble ¿no?, pero es cierto, es REAL.

Hazlo Simple pero de Calidad.

Una recomendación para cuando entregues tus obras, no seas muy rebuscado, mantén la simplicidad, una imagen u obra sencilla pero llamativa o de calidad puede hacerte generar mucho más dinero que algo muy elaborado, además de que te costará más trabajo, ejemplo.

La imagen a la derecha ha sido descargada hasta este momento 970 veces y seguirá siendo descargada. La imagen a la izquierda la han descargado 459 veces y pon atención a lo sencillo de la imagen pero de muy alta definición y calidad.

¿Qué o cuáles son los bancos de imágenes o de archivos y cómo formar parte de ellos?

Como te había comentado ya, los bancos de archivos, son páginas web con servidores y hospedaje extremadamente grandes, que venden imágenes, fotografías, diseños, audio, videos, etc., a empresas, la prensa, medios de comunicación e incluso diseñadores web que necesitan de este tipo de archivos para manejar su publicidad, anuncios, o cualquier tipo de trabajo que requiera de este material de alta definición y calidad.

Nosotros como artistas nos vemos beneficiados con este tipo de empresas porque podemos crear material sin costos de fabricación, esto debido a que nuestra materia prima es nuestra creatividad e imaginación.

Obviamente estos bancos de imágenes o archivos no te dan el 100% del ingreso que se generó por la venta del costo total del archivo, pero eso no es problema porque ellos hacen la venta y distribución por ti, además de que son páginas extremadamente visitadas, generan miles de visitas cada día, por lo que es como tener tu negocio sin haber invertido un sólo peso, ellos se encargan de exhibir tus productos y tu solo te encargas de crear y cobrar. Estos bancos ponen los precios de las imágenes de acuerdo a la calidad, composición, definición, etc. y los visitantes simplemente las compran. Es muy importante que sepas que el archivo que tu creaste debe cumplir con algunos parámetros de calidad, definición, técnica entre otros porque estos bancos se reservan el derecho de rechazar tus obras si no cumplen con los requisitos que tú como artista debes cuidar en tu creación.

Para formar parte de estos bancos lógicamente existen normas y requisitos que debes cumplir para ser aceptado, tales como, que seas el creador de tus contenidos, no seas pirata, no subas contenido que atente contra terceros, que tengas el cese de derechos o permiso de modelos en caso de que fotografíes personas, no tomes fotografías o videos de esculturas u otras obras que ya tengan propiedad intelectual, entre otras, pero para eso, en cada banco que te suscribas debes leer los términos y requisitos. Para suscribirse en estos bancos, al menos en la mayoría de los que te presentaré, no tienes que pagar nada, sólo llenar tu solicitud y ya formarás parte de ellos.

En adelante veremos todos los bancos de imágenes que te recomiendo, que a mí me han funcionado y actualmente me dan ingresos, te diré como te suscribas y que necesitas para subir tus archivos, de ti depende si quieres generar poco o muchos ingresos mensuales. Existen personas en la actualidad es estos bancos, que ya ni se preocupan por buscar un empleo o trabajo, se mantienen y viven una vida muy cómoda sólo con sus contribuciones de calidad.

Una aclaración, si deseas ver resultados muy satisfactorios tienes que trabajar con mucha constancia y regularidad, ser muy creativo y sobre todo, no infrinjas ni violes los derechos de propiedad intelectual de otras personas porque se considera un delito grave y se procede bajo las leyes de los países a los que pertenecen esos bancos.

En estas páginas a las que te vas a suscribir también hay cursos de cómo mejorar tus técnicas y calidad de tus archivos, fotos, videos, etc., te sugiero los visites con regularidad porque ahí te explican cómo obtener mejores resultados para que tus obras no sean rechazadas.

Estos blogs, cursos, boletines, correos, etc. no tienen costo, te sugiero los pongas en práctica para tu mejor desempeño, el único problema es que algunos son en inglés, pero puedes usar traductores gratuitos en internet y no tendrás problemas, un ejemplo de un traductor es http://es.babelfish.yahoo.com/ pero si ya sabes inglés o tienes alguien que te ayude a traducir, sería fabuloso.

A través de este manual te iré guiando paso a paso para que te vayas suscribiendo a cada uno de los bancos de archivos que a mí personalmente más me han funcionado para generar residuales, para que subas tus archivos lo más pronto posible y puedas generar un ingreso residual cada mes e ir incrementando tus ganancias conforme vas aportando archivos, fotos, videos, audio, etc.

Es de suma importancia que te des de alta en cada uno de los bancos en el orden y la manera que te vaya explicando, para que lleves un control de cada lugar en el que vayas a vender tus obras artísticas, archiva en tu ordenador, sea en Word, Excel o cualquier otro programa los datos con los que te vas a dar de alta en los bancos porque para subir material cada vez que ingreses en la red vas a necesitar un nombre de usuario y una contraseña diferente para cada suscripción, es muy recomendable que la contraseña incluya números y letras, mayúsculas y minúsculas para que se fortalezca. Otra recomendación es que te des de alta y trabajes o subas archivos desde tu propio ordenador y no en un lugar público para que tus archivos no sean plagiados, hackeados o manipulados por otras personas. Cada que yo te indique que ingreses en cierta página o banco sólo da clic en el vínculo que te aparecerá en este manual en letras azules (como el de BabelFish) y te suscribas de esa manera para la correcta vinculación y creación de tu cuenta, los detalles de cómo suscribirte te los iré dando a conocer en cada uno de los bancos y lugares que te voy a ir recomendando.

Vamos pues a entrar en materia, prepara tu registro ya sea escrito o en archivo para los datos que vas a utilizar en cada uno de los bancos, te incluiré el programa con el que estarás subiendo archivos a tu respectiva cuenta y te explicaré su funcionamiento, pero, por lo pronto vamos a darnos de alta en el primer banco de fotos, videos, audio, gráficos, etc. Te recomiendo que uses el navegador Google Chrome o FireFox ← y no el Internet Explorer.

Manos a la obra…

Primer Banco de Archivos.

Para suscribirnos al primer banco de imágenes o archivos iremos a la siguiente página de internet http://es.fotolia.com/partner/200854331 (asegurate de escribirla completa y bien) y podremos observar una página con una imagen como la siguiente:

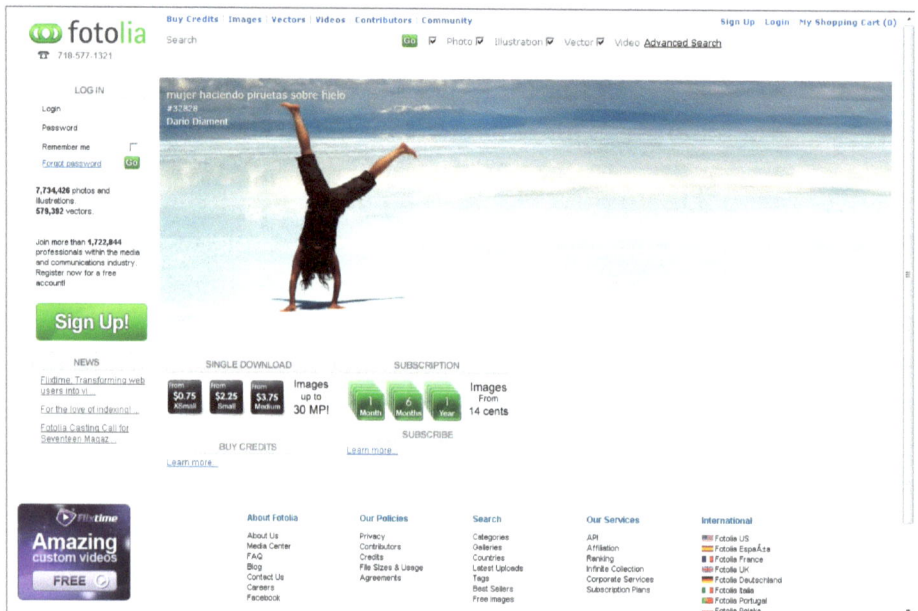

Muy bien, una vez que tengamos abierta esta página, lo primero que haremos es cambiarla al idioma español, como puedes ver en la parte inferior derecha se encuentran unas banderitas, las cuales nos indican el idioma en que queremos que se vea la página, sólo presiona la que dice Fotolia España y listo. Una vez presionado nos aparecerá la misma página pero en español, algo así:

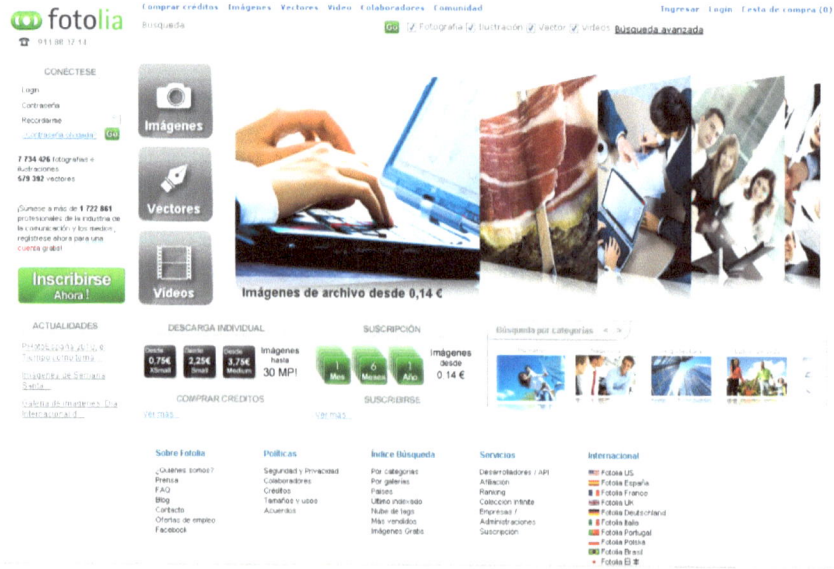

Es de vital importancia, que ya no te salgas de ahí para que tu suscripción funcione a la perfección.

Justo después de cambiarla al idioma Español, vamos a proceder con la suscripción presionando en esa página el botón que dice Inscribirse Ahora, como el que puedes observar en la siguiente imagen:

Después de presionar el botón nos pedirá que elijamos un nombre de usuario, pero aparece con el nombre de Login: _____. Elige un nombre para que tu cuenta sea reconocida, de preferencia no pongas tu propio nombre, sino un apodo o iniciales de tu nombre o algo que recuerdes fácil y anótalo. Después escribe una contraseña: _____ que recuerdes también, pero, incluye mayúsculas, minúsculas y números para una mejor fortaleza de la contraseña. Ejemplo, observa la imagen siguiente:

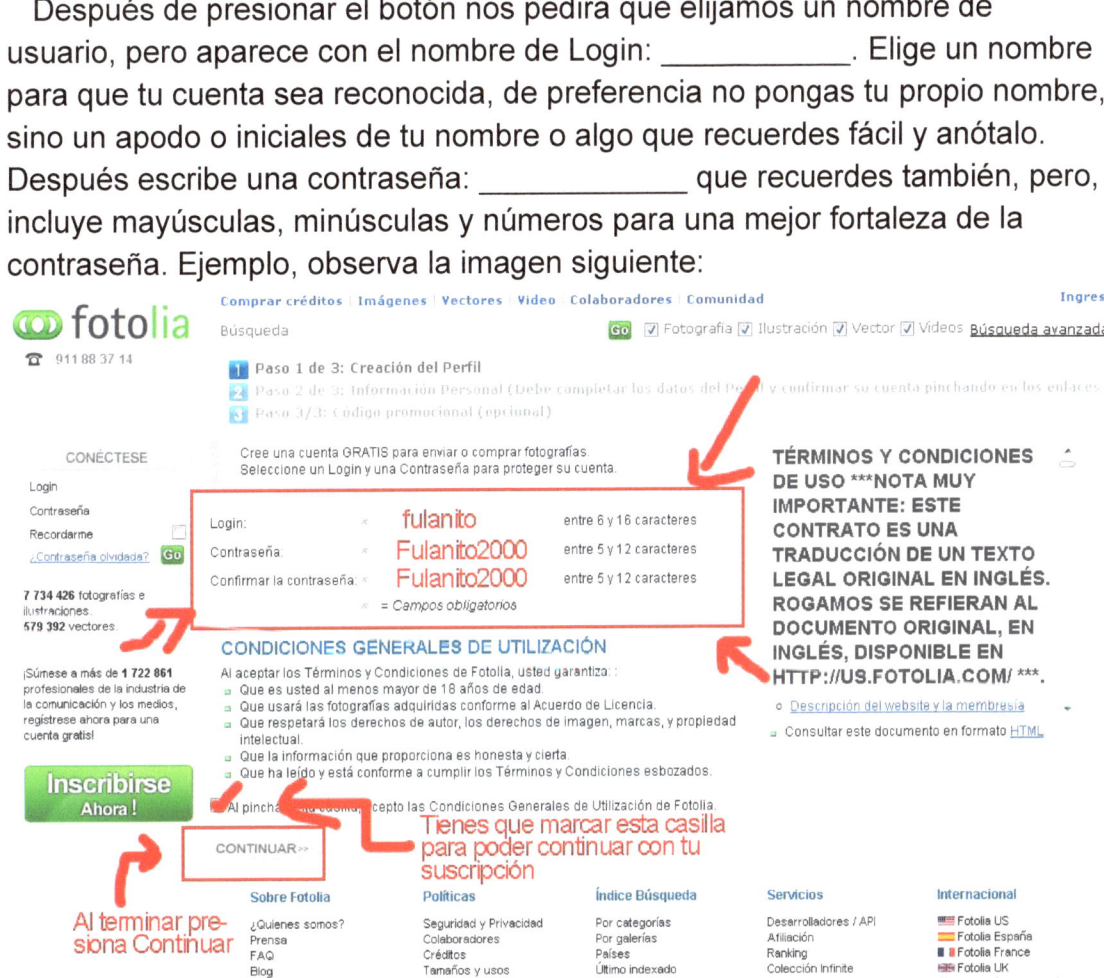

Al terminar de colocar tu nombre de usuario y contraseña, tienes que marcar la casilla que a parece debajo de las condiciones generales de utilización y presionar el botón CONTINUAR. Una vez terminado este proceso nos enviará a otra página para continuar con la suscripción, en la siguiente página nos pedirá nuestros datos personales, es imperativo que tus datos sean reales porque de otra manera NO recibirás tus pagos una vez generados esos ingresos de tus obras.

Continuemos pues con la suscripción, una vez que hayas presionado el botón continuar nos aparecerá la siguiente página:

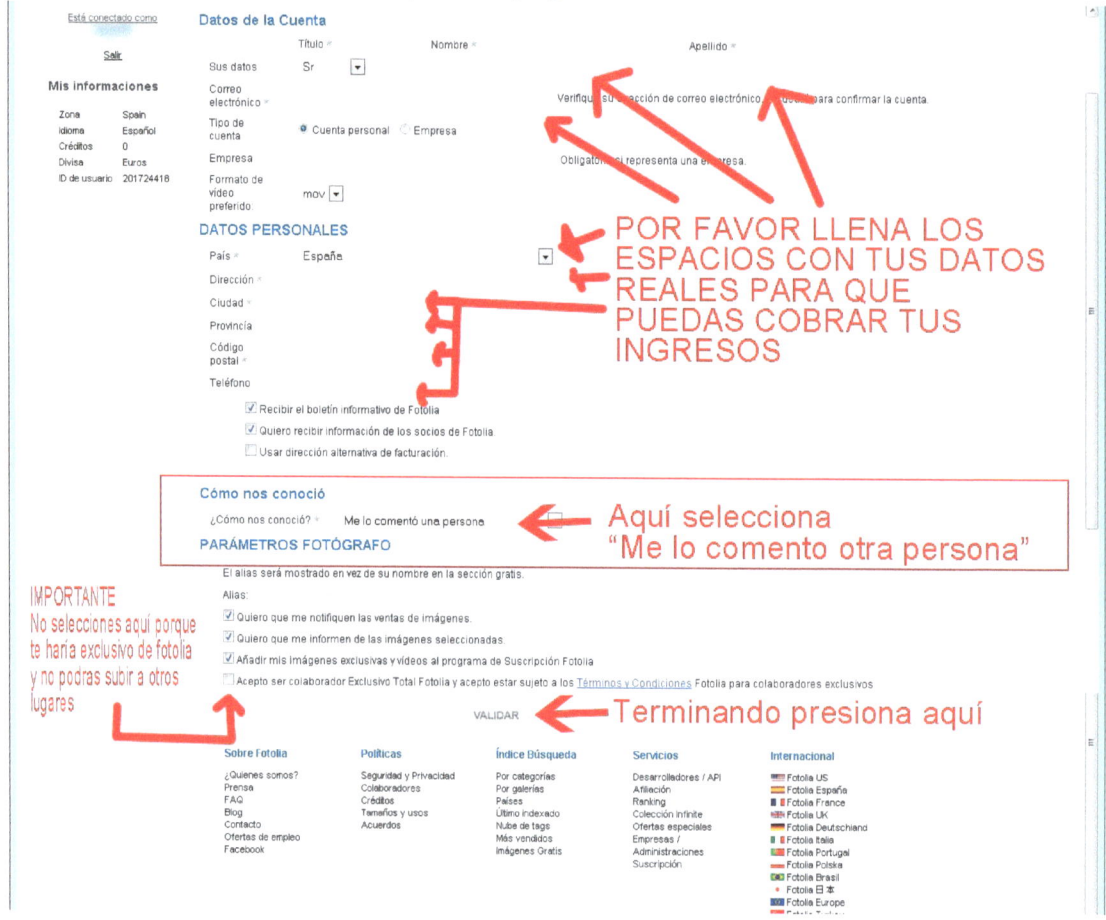

Coloca tus datos personales en esta página, revisa que estén correctos porque esta información será de suma importancia para el desarrollo de tus ingresos y desempeño de la cuenta, todos los datos que sean obligatorios estarán marcados un asterisco " * " y por lo tanto deberás llenarlos con la información solicitada.

Cuando hayas completado la aplicación, aparece la siguiente pregunta: ¿Cómo nos conoció? Por lo que habrás de seleccionar la siguiente respuesta; Me lo comentó otra persona.

Por último vienen unas casillas de selección, marca con una palomita las primeras tres, pero la que dice "Acepto ser colaborador Exclusivo Total de Fotolia…" no la marques porque de otro modo no podrás suscribirte a otros bancos de venta de imágenes, videos, etc. Una vez terminada la aplicación presiona el botón validar y revisa tu correo electrónico que diste de alta para que confirmes tu suscripción al fotolia. Haremos este proceso…

Entra en tu cuenta de correo y revisa en tu bandeja de entrada alguno que diga: Fotolia.com, si no aparece en tu bandeja de entrada, revisa tu correo "Spam" o "correo no deseado". Ya ubicado, abre el correo y confirma tu suscripción, dando clic en el enlace o vínculo que aparece dentro de este, en la siguiente imagen podemos observar dicho correo:

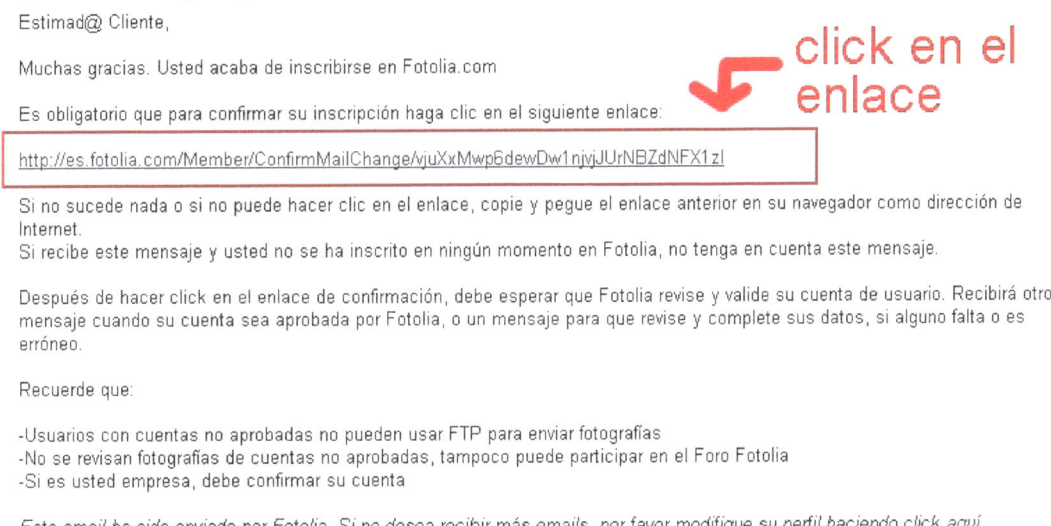

Cuando hayas presionado el enlace tu suscripción habrá quedado completa y por lo tanto ya podemos empezar a subir material para que de una vez se comience a vender.

¿Cómo subir material?

Cuando presionaste el enlace, te abrió una página de internet; dicha página es tu panel de control o tu cuenta en fotolia, te sugiero la explores para que vayas entendiendo de lo que trata, lee los parámetros o requisitos que necesitas en tus imágenes para que puedan ser aceptados por fotolia, pero en la siguiente imagen podrás observar dónde es que podrás subir tus obras y por qué medios, la explicación después de la imagen:

Presiona la pestaña que dice "Mis Fotografías", como aparece en la imagen, ahí podrás observar tus fotografías, vectores o videos que has subido y el estado en que se encuentran, ya sean aceptadas, rechazadas o en proceso de selección, también las descargas que han hecho, o sea, las vendidas y cuantas veces se han vendido. Una vez que hayas ingresado en la pestaña de "Mis Fotografías", verás la siguiente imagen en tu pantalla:

Te darás cuenta de que existen tres formas de subir imágenes, vectores o videos, veremos cada una en detalle para que las entendamos a la perfección, ten además en cuenta que hay ciertas diferencias en cada una, pero la verdad es que todas son intuitivas y extremadamente fáciles de usar.

1.- La primera opción que tenemos que para subir nuestro archivo es a través del formulario normal como lo menciona Fotolia, en este formulario sólo se pueden subir imágenes y vectores, para subir video tendrás que usar la tercera opción. Muy bien si eliges esta opción tienes que estar en la pestaña de "Contenidos Cargados" y en esa pestaña tienes que entrar al menú que dice "Enviar nuevo contenido" y te redirigirá a la siguiente página para subir tu archivo:

Como puedes observar, hay unas condiciones de utilización antes de que puedas subir tu archivo, las cuales aparecen con una casilla para marcar como esta: , tienes que cumplir con estos requisitos para que tu imagen sea aceptada y por lo tanto deberás marcar con la palomita y proseguir con la colaboración. Una vez realizado el paso anterior, debes seleccionar de tu computadora el archivo a subir por medio del formulario que aparece en seguida: , presiona el botón "examinar" y una vez seleccionado el archivo presiona el botón "cargar el fichero" y el archivo comenzará a subirse, es importante e imperativo que tomes en cuenta que dependiendo el tamaño del archivo es el tiempo que durará en subirlo, además de que el ancho de banda de tu servicio de internet para subir archivos influye de forma considerable, te recomiendo que leas con atención los requisitos técnicos que deberá cumplir tu archivo y que aparecen justo después del botón por el cual subes los archivos , son requisitos diferentes para cada tipo de archivo, te recomiendo los respetes para que tu archivo sea aprobado y por consiguiente pueda ser vendido.

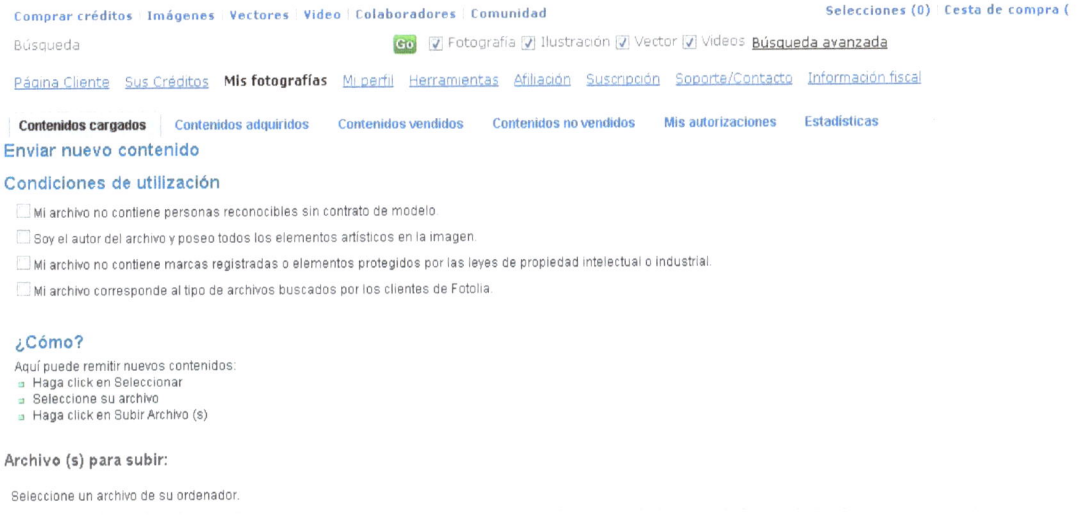

Si por alguna razón tus fotos o videos contienen imágenes de modelos o personas deberás conseguir el documento que se encuentra también en Fotolia, para que te den el permiso o "contrato de modelo", que significa que esas personas te conceden el uso de su imagen para aparecer en esos archivos y puedan ser vendidos. Un requisito similar es cuando tomas imágenes de otras obras que ya tengan derechos de autor, tales como esculturas, edificios, formas y marcas registradas, etc. Puedes encontrar estos formularios o aplicaciones en la sección de tu panel de control que se llama "Herramientas" y dentro de este menú se encuentra la pestaña de contratos de modelo, ahí mismo descargas a tu computadora el documento que necesitas, lo imprimes y lo presentas ante la persona que te cederá los derechos y habrá de ser firmado por ellos.

Luego de ser llenados y firmados, los escaneas y los enviarás de regreso a Fotolia como una imagen jpeg de la misma forma en que subes tus archivos. Si te fijas los derechos de autor son sumamente importantes una vez que quieres hacer las cosas de una manera profesional, para que legalmente estés protegido como autor de tus obras, por lo tanto generes esos ingresos limpiamente.

Regresando a la parte de cómo subir tus archivos, avancemos a la segunda forma de subir tu archivo.

2.- La segunda forma de subir tus archivos es por medio del "formulario flash", que prácticamente funciona de la misma forma en que funciona el primero, con una pequeña diferencia, pero igual de sencillo, asegúrate de cumplir todos los requisitos antes mencionados.

Cuando te aparezca el formulario para subir los archivos, solo presiona el botón de "revisar", este te enviará a los archivos de tu computadora, presionas abrir o aceptar y tus archivos comenzarán a ser subidos, puedes subir varios archivos a la vez, solo ten paciencia porque los archivos pueden tardar un tiempo considerable para ser subidos. Sin embargo te recomiendo utilizar la tercer forma de subir archivos porque es más rápido, profesional y la mejor forma de subir tus archivos a internet, la usan todos los diseñadores web, entre muchos otros profesionales del área.

3.- "Enviar Nuevos Contenidos Mediante FTP", sin duda es la mejor forma de subir los contenidos, pero es la forma más compleja aunque no difícil, para saber de lo que se trata veamos que es el FTP, su significado es "File Transfer Protocol" en español, "Protocolo de Transferencia de Archivos", es un programa totalmente independiente el cual tendrás que instalar en tu computadora, hay versiones (marcas) que son de paga, como, gracias a Dios hay versiones muy profesionales que son totalmente gratis, es el caso del programa que te recomiendo se llama FileZilla: **http://filezilla-project.org/**

IMPORTANTE: Antes de seguir con los otros bancos de archivos para generar ingresos, es necesario que aprendas a utilizar este programa porque casi todos los bancos tienen la forma de subir material por FTP, además de que en algunos casos tienen como requisito obligatorio utilizar este sistema de transferencia de archivos, a continuación te explicaré cómo utilizarlo a través de un video que puedes observar en la siguiente página:

▶ http://www.youtube.com/watch?v=A3IaxLphHZ0&feature=related

Perfecto, para continuar debiste ver el video porque vamos a continuar con el siguiente paso: Etiquetar las fotografías que ya hemos subido al banco de Fotolia en nuestra cuenta.

Si te diste cuenta, cuando subimos la imagen al banco subió con éxito pero quedo incompleto el proceso de alta de la fotografía, de hecho la misma configuración del sistema nos lo indica así, observa en el panel de control de tu cuenta:

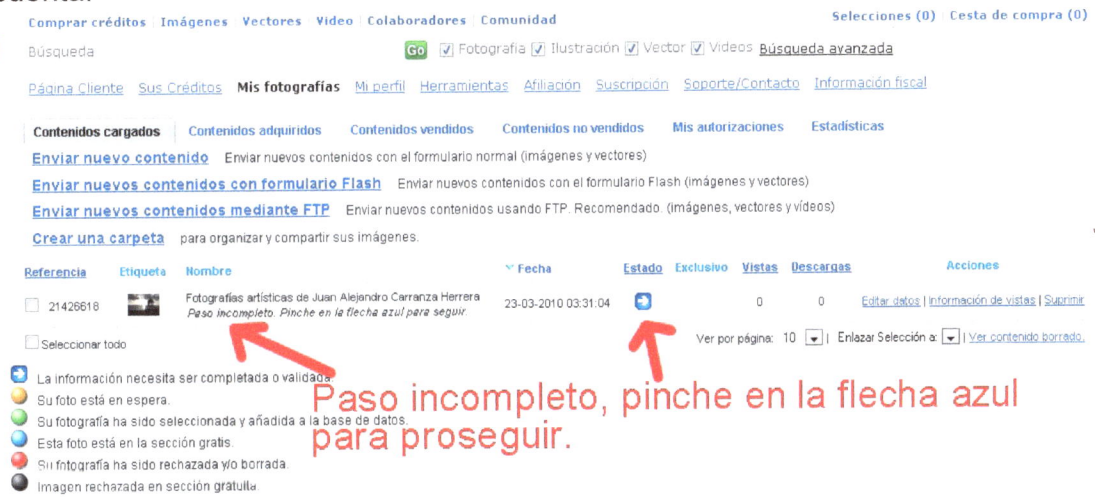

Presionemos pues en la flecha de color azul para continuar con la alta de nuestra imagen y se nos guiará a la siguiente página.

En esta página podremos darnos cuenta de que la imagen necesita una serie de datos para la propiedad intelectual, así como para que nuestra imagen sea encontrada por las empresas que solicitan descargarlas.

1.- Como primer paso debemos colocar un título a nuestra foto, te recomiendo no pongas un título que no tenga nada que ver con las imágenes, siempre relaciona la imagen con el título para que las personas puedan encontrarlas fácilmente y así poder comprarla.

2.- Nota al editor: Todas las imágenes que subas son analizadas por personas reales para su evaluación, es por eso que estos bancos funcionan, porque tratas con personas y no con máquinas, por eso si quieres especificarle algo al editor que revisará la imagen escríbelo en ese campo, ten en cuenta que ellos son expertos en su área y aceptarán o rechazarán tu imagen, sin embargo si tu archivo no es admitido te explicarán porque y que hacer.

Después de pinchar la flecha azul se ve la siguiente página:

3.- Una vez que hayas finalizado con el título, la nota al editor (no necesaria), país, idioma y tipo de archivo, debes colocar las palabras clave.

¿Qué son las palabras clave?

Son las palabras por las cuales van a encontrar tu fotografía, esta fase entonces se puede considerar como la más importante dentro de la entrega del archivo, estas palabras deben ser estrictamente relacionadas con la imagen, foto, video, etc. Y debes colocarlas en orden de importancia, puedes poner tantas palabras como encuentres pero, es muy importante e imperativo que las coloques x que así vas a vender tu archivo y lo descargarán tantas veces como la variedad que tengas en esas palabras. En la imagen superior puedes ver en letras rojas algunos ejemplos relacionados con esas palabras clave, sin embargo te recomiendo que tengas por lo menos 20 palabras clave por cada archivo que generes, así tendrás más probabilidades de compra en mayor cantidad de ocasiones.

4.- El siguiente paso es elegir las categorías en que van a estar esos archivos. Esto no tiene ninguna complicación o dificultad porque intuitivamente te vas a dar cuenta en que categoría va a quedar tu archivo. Ver imagen:

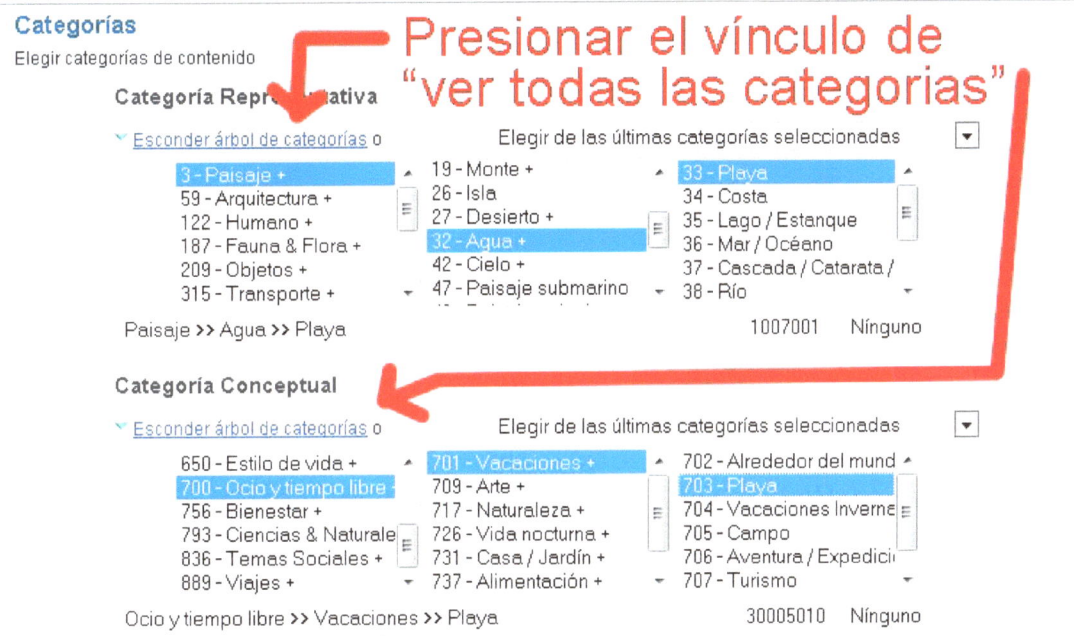

Cuando llegues a esta sección que se muestra en la imagen, presiona el vínculo que dice ver "todas las categorías" y te darás cuenta de la facilidad para escoger la adecuada. Sólo observa que existen dos tipos de categorías donde quedará tu archivo.
    a) Categoria Representativa
    b) Categoria Conceptual

5.- Autorizaciones: En esta sección es donde darás de alta o subirás el contrato o permiso de tus modelos que es obligatorio para todos los archivos que contengan personas a las que se les vea el rostro o por si tienes archivos que contengan dentro de estos mismos otras obras con propiedad intelectual.
Para subir dichos contratos o cesión de derechos deberás pinchar o dar clic donde lo muestra la imagen de "autorizaciones asociadas":

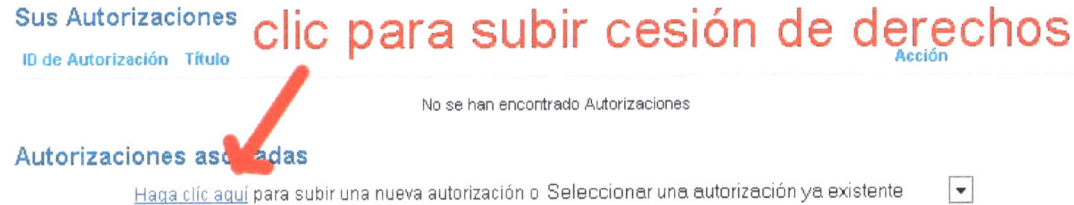

Una vez que hayas dado clic se desplegará una ventana pop up (ver siguiente imagen), la cual utilizarás para subir el archivo escaneado de la autorización de tus modelos o cesión de derechos, firmada y debidamente aplicada.

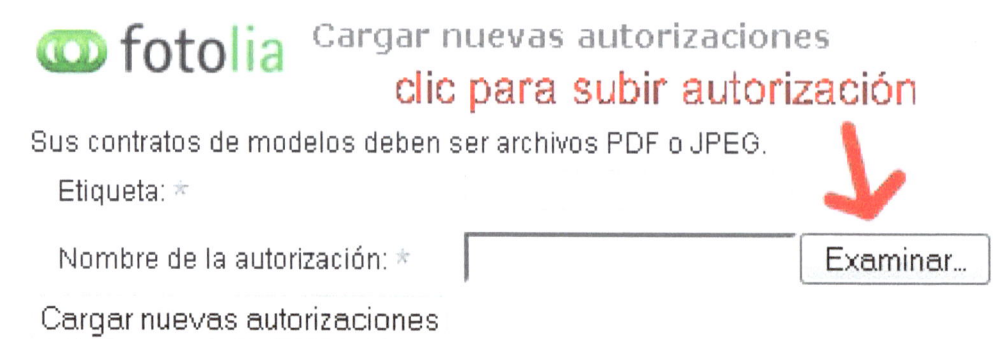

6.- Contrato y precios: Para finalizar todo este proceso sólo tienes que marcar las casillas siguientes, esta sección te la dejo totalmente a tu criterio, es demasiado intuitiva y fácil de realizar. Solo un pequeño detalle, las comisiones que vas a ganar pueden parecer un poco pequeñas pero, cuando tus imágenes son profesionales y cumplen con todos los requisitos de técnica, estética, armonía, composición, calidad y definición, etc. (cosas que deberías saber o al menos seguir estudiando y mejorando) pueden hacerte ganar tal cantidad de ingresos, que no los ganarías en un empleo común o tradicional, de hecho hay personas que tienen un ingreso de 500 dólares o euros mensuales hasta ingresos de 1000 o 2000 dólares o euros (fotolia paga en euros) en un solo banco de imágenes, claro está que hay que dedicarle un poco de esfuerzo, determinación y perseverancia, como en todos lugares o trabajos que hagas, recuerda también que tus ingresos aumentan cuando vas colaborando con más y más archivos.

Dice un famoso multimillonario: **Ningún hombre está vencido mientras el mismo no se rinda en su propia mente.** Napoleon Hill-"Piense y hágase rico" (libro).

Nadie es un perdedor en los negocios aunque fracase varias veces, pero si eres un perdedor si dejas de hacerlos, en el momento que te rindas y dejes de intentarlo ya perdiste. ←Donald Trump

Ahora observa la siguiente imagen y te darás cuenta de que estarás listo para desempeñarte en este banco, no te des por vencido, eres artista y mereces ser recompensado. Para terminar marca la casilla al final y da clic en validar y finalizar. Los editores te enviarán un correo electrónico para avisarte si tu fotografía o archivo fue aprobado o rechazado, ten paciencia, tarda varios días debido a que son humanos y tienen mucho trabajo de evaluación.

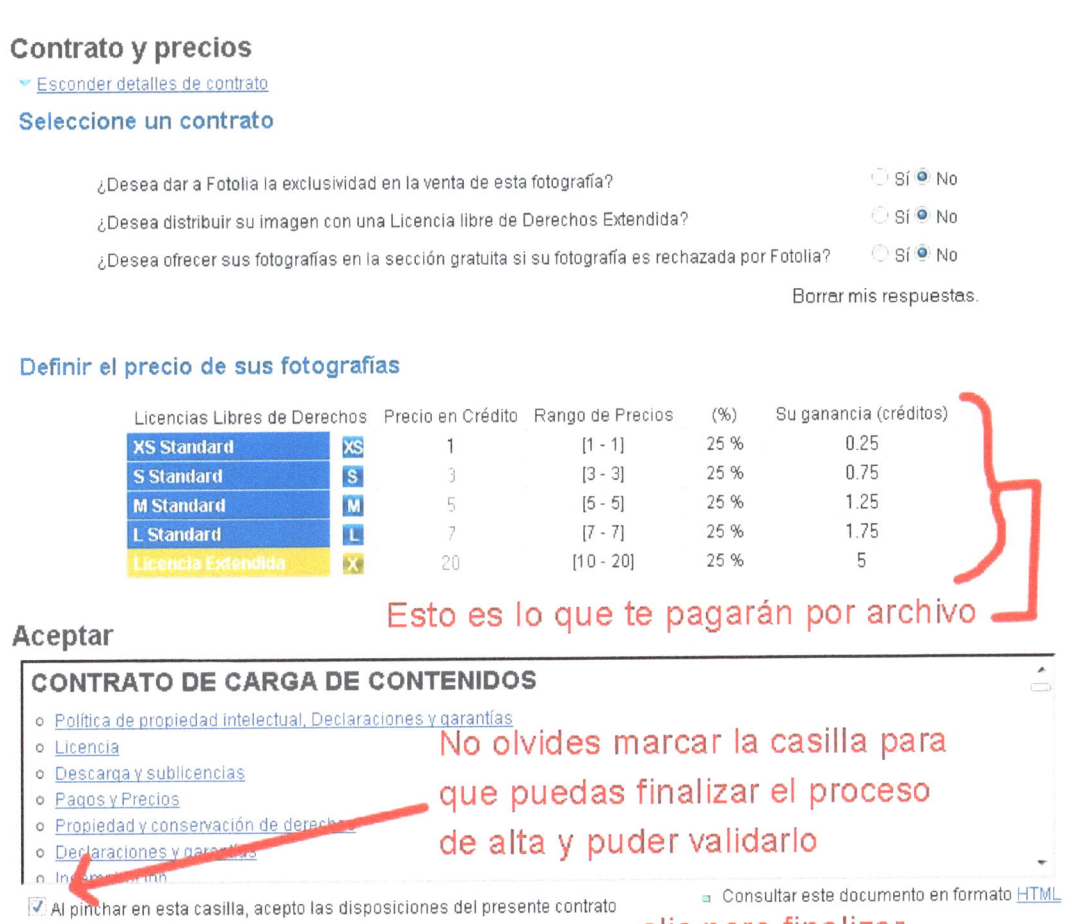

Como última recomendación antes de pasar al segundo banco de imágenes, es muy importante que te sigas educando en el area de entrenamiento de este banco y tus archivos sean automáticamente aceptados dado que te familiarizarás con sus requisitos y te será muy fácil recibir esas aprobaciones. El area de entrenamiento se encuentra dentro de la sección de "Herramientas" dentro de la pestaña de "Entrenamiento" y dice: "Comenzar la formación" (ver imagen).

Te recomiendo navegues por todo tu panel de control porque existen muchas más cosas que te pueden sorprender de este banco.

Segundo Banco de Archivos.

Para suscribirnos al segundo banco de imágenes o archivos escribiremos la siguiente dirección en internet ► **http://submit.shutterstock.com/?ref=267262** y podremos observar una página con una imagen como la siguiente:

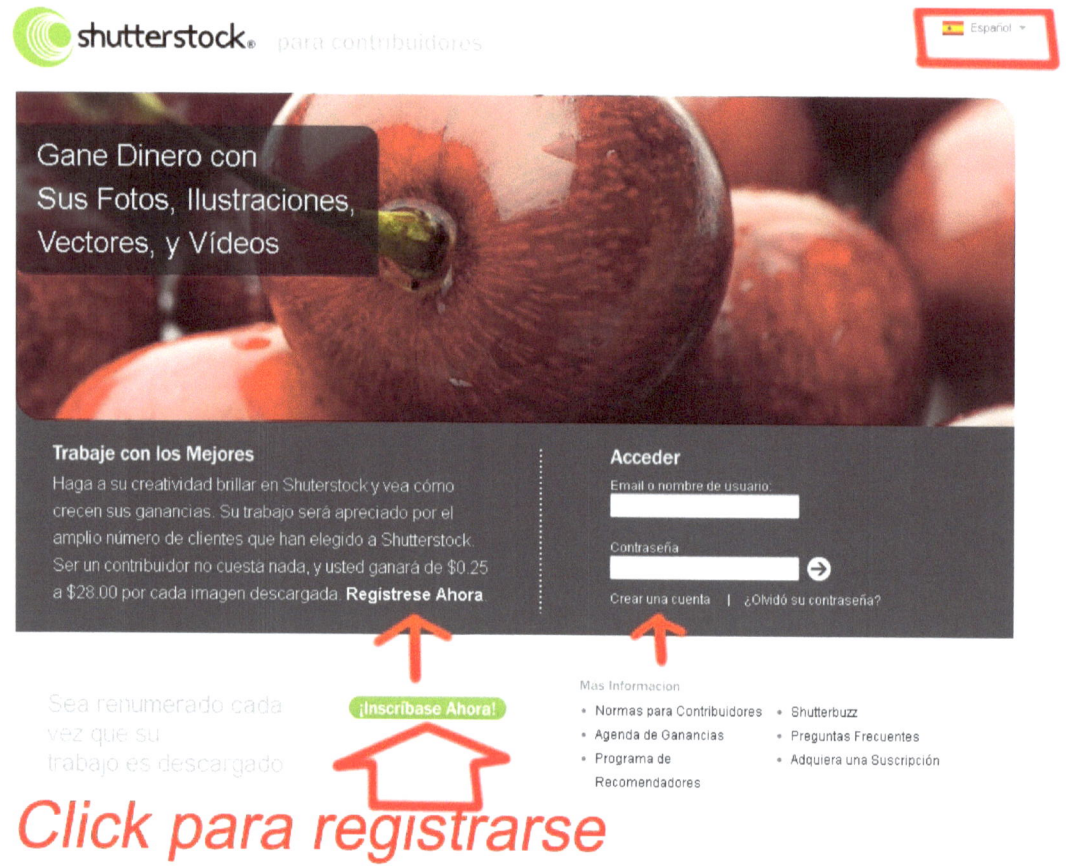

Te darás cuenta de que este banco de imágenes se llama "Shutterstock", en este banco son bienvenidos tres tipos de archivos: Fotografías, Diseños o Vectores y Videos o como ellos lo llaman "footage". Bien como primer paso te recomiendo que lo cambies al idioma español en caso de que no lo esté, en la parte superior derecha de la pagina encontrarás la pestaña para cambiarlo de idioma, se muestra con una bandera seguido por el idioma.

Después lee con atención la bienvenida y por último tienes que registrarte o darte de alta en el enlace que dice "Regístrese para ganar más $$$ ahora", que se encuentra en la parte inferior justo después del formulario para iniciar sesión: (véase la imagen).

Una vez que el registro termina y cada vez que se quiera ingresar a tu panel de control de Shutterstock, ingresarás en esta página por medio del formulario que aparece en la imagen, debes también escribir el código de seguridad que aparece en la imagen, es este caso el código es "sassier over", si observas el espacio también se respeta. Continuemos pues con la aplicación del registro.

Después de presionar el enlace nos enviará a la página de nuestros datos personales, una vez más te recomiendo que coloques tus datos reales porque a la hora de que te paguen se basarán en esos datos; la aplicación es demasiado sencilla pero de todas formas colocaré la imagen de ejemplo:

Continua en la siguiente pagina…

REGISTRESE

Registrese y empieze a ganar dinero de sus fotos!

Campo	Indicación	Nota
Nombre Completo	NOMBRE REAL COMPLETO	Please enter your full legal name.
Nombre de Pantalla Deseado	SOBRENOMBRE	Eligá el nombre que le gustaria que aparesca en nuestro website alado de sus fotos. Este es el nombre que también se usará con cualquieres creditos relevantes.
Nombre de Usuario Preferido	USUARIO PARA ENTRAR	(hasta 12 caracteres- sin espacios)
Residential Address	TU DOMICILIO Y NUMERO	
Residential Address Line 2		# de Apartamento o # Oficina
Residential City	CIUDAD DEONDE RADICAS	
Residential State	ESTADO O PROVINCIA	
Residential Country	México — PAÍS	
Residential Zip	CODIGO POSTAL	
Igual que su dirección de residencia	✓ MARCA ESTA CASILLA SI TUS CHEQUE LLEGARAN A LA MISMA DIRECCION OTRA VEZ	
Mailing Address		Por favor asegurese que su dirección de correo es correcta. Aquí es donde se enviarán sus cheques.
Mailing Address Line 2		# de Apartamento o # Oficina
Mailing City	CIUDAD	
Mailing State	ESTADO	
Mailing Country	México — PAIS	
Mailing Zip	CODIGO POSTAL	
Dirección de Correo	CORREO ELECTRONICO	Por favor asegúrese que su dirección de email es correcta. Por favor especifique otra dirección de correo.
Numero de Telefono	TELÉFONO	

Una observación, el método de pago que te recomiendo se llama PayPal,, si no sabes qué es no te preocupes porque más adelante en este mismo manual hay un capítulo dedicado especialmente a este concepto, lo único que te puedo adelantar es que es una plataforma virtual parecida a un banco, donde tú puedes recibir dinero, además puedes enviarlo o poner un comercio electrónico y cobrar por medio de este, pero te sugiero que leas el capítulo de PayPal para que lo comprendas a la perfección.

Continuemos pues con el registro, presiona clic en "continue".

Cuando hayas presionado el botón continuar, te reenviará a la siguiente página donde tendrás que comprobar tus datos y tu veracidad como persona, por lo tanto deberás escanear un documento legal y oficial como tu identificación o pasaporte y enviarlo y así quedes oficialmente suscrito a Shutterstock, esto lo hacen para evitar fraudes o plagios con la propiedad intelectual, pero como todos los negocios serios, si quieres ver frutos debes ser totalmente transparente, una vez enviado tu documento oficial, shutterstock te envía por correo electrónico la aprobación de tu cuenta y de ahí en adelante puedes empezar a contribuir con tus obras, observa pues la siguiente imagen:

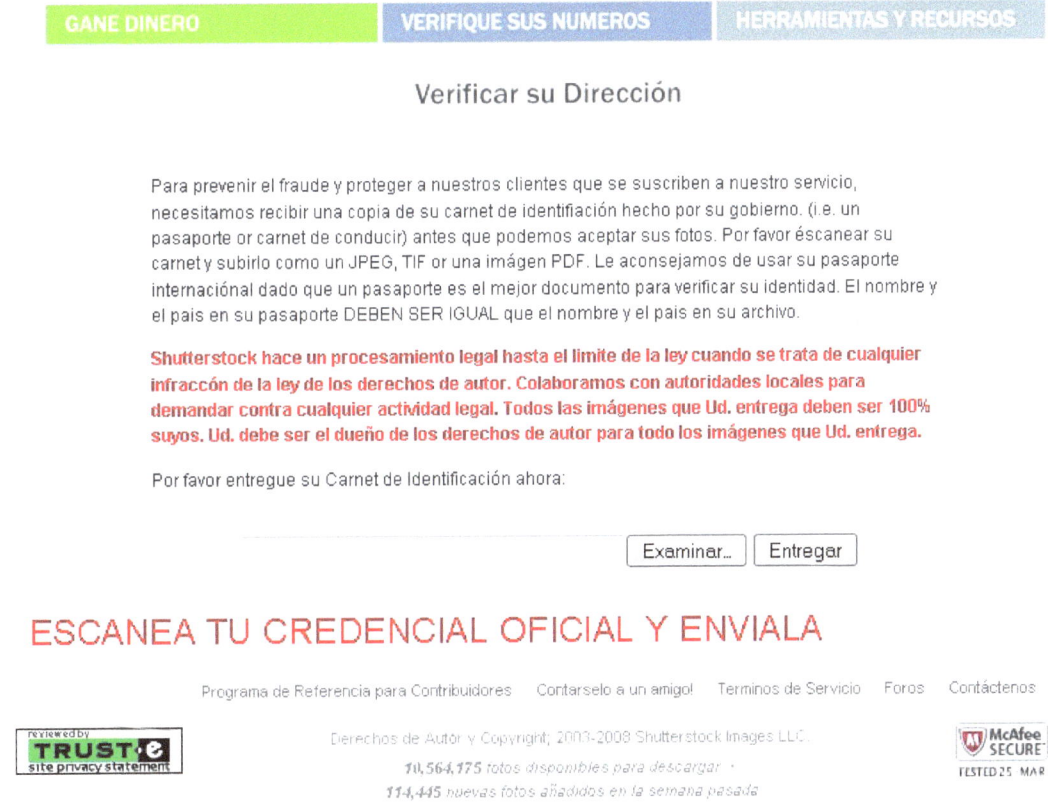

El siguiente paso es empezar a colaborar subiendo nuestras obras, ingresa en el sistema a través de la página para contribuidores, recuerdas que tienes que iniciar sesión por medio del formulario y por consiguiente te envía a tu panel de control. Una vez ingresado en tu panel, lo que sigue es muy parecido a lo que ya habíamos estudiado en el banco anterior "Fotolia". Es muy recomendable que también indagues y navegues por todo el panel para que te vayas familiarizando, sólo te daré unas pequeñas recomendaciones y pasaremos al siguiente banco de imágenes, donde también podrás colaborar con la fabricación de audio.

PANEL DE CONTROL "SHUTTERSTOCK".

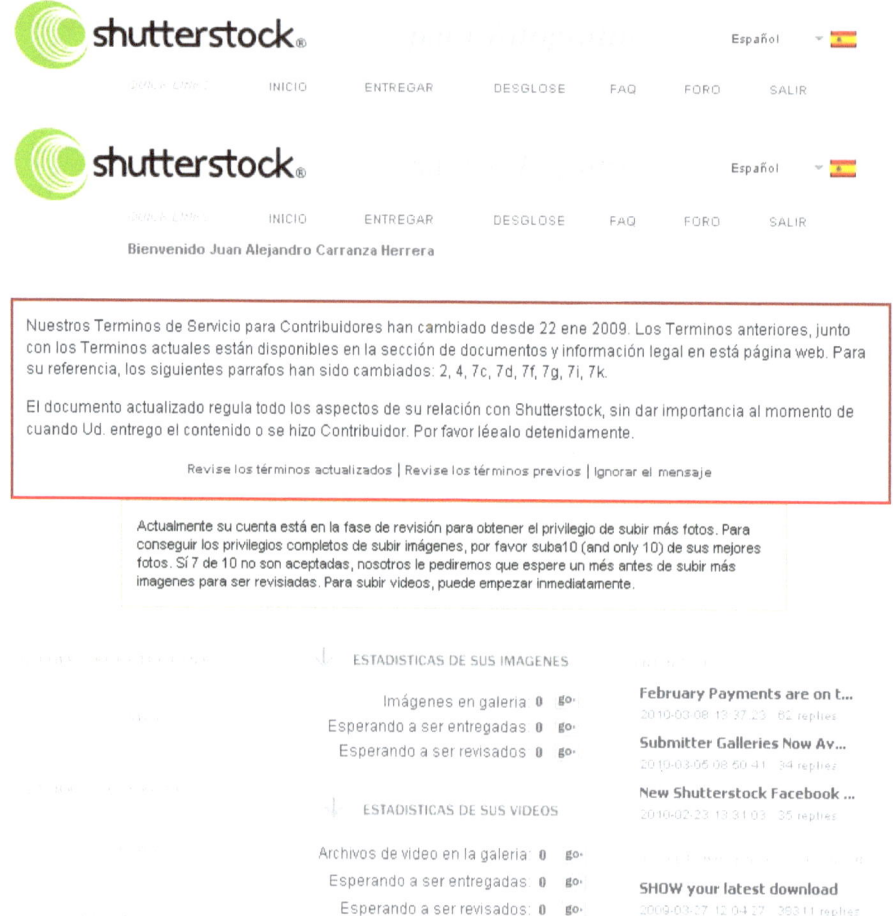

En el recuadro rojo se encuentra la sección en donde puedes entregar tu contenido, para entregar las imágenes o videos se requiere de preferencia la misma forma que utilizamos en fotolia, que es a través de "FTP".

Al inicio del panel en la parte superior, está el menú, te recomiendo navegues e investigues todo lo que se encuentra, también hay una sección de entrenamiento, foro, blog, entre otras cosas para que tu material cuente con todos los estándares de calidad y puedan ser vendidos más rápido y así obtengas ingresos cada vez mejores.

No indagaré más en este banco, sólo te diré que es uno de los que más valen la pena por el reconocimiento mundial que tiene, lo que se tiene que hacer es trabajar en proponer tu material y seas también reconocido por tu trabajo.

La constancia y estudio te hará cada vez más un experto y podrás tener un éxito poco comparable con lo que un empleo cualquiera te puede dar.

Tercer Banco de Archivos.

Para suscribirnos al segundo banco de imágenes o archivos escribiremos la siguiente página en internet ►http://www.istockphoto.com/jualcahe y podremos observar una página con una imagen como la siguiente:

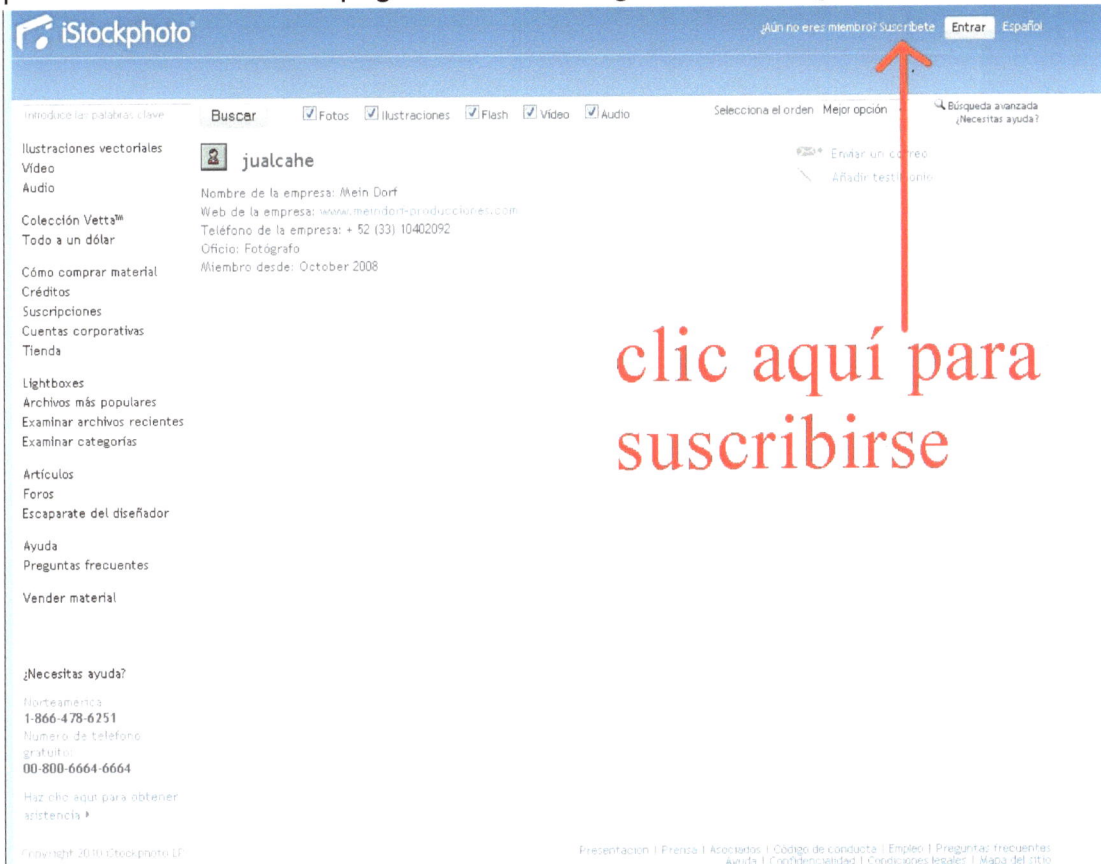

Como te habrás dado cuenta, este banco de archivos se llama iStockphoto, en este banco puedes subir otro tipo de archivos, este banco recibe fotos, ilustraciones, animación flash, video y audio, para suscribirte solo observa la imagen anterior y presiona el vínculo de la parte superior derecha donde dice: Suscríbete. Una vez que presiones ahí te llevará a la siguiente página donde al igual que los otros bancos te pedirá algunos datos personales, a esta altura está de más recomendarte que coloques información real para que tu cuenta, tus archivos y tus pagos no tengan ningún problema. Una vez que hayas ingresado tus datos e información, marca la casilla de "Acepto Condiciones" ej. y enseguida presiona el botón de ¡Registrarme!, como se observa en la siguiente imagen, desde luego te recomiendo siempre leas los términos y condiciones de todos los bancos y negocios que hagas para que no pases inadvertido de algunos detalles que deberías considerar seriamente.

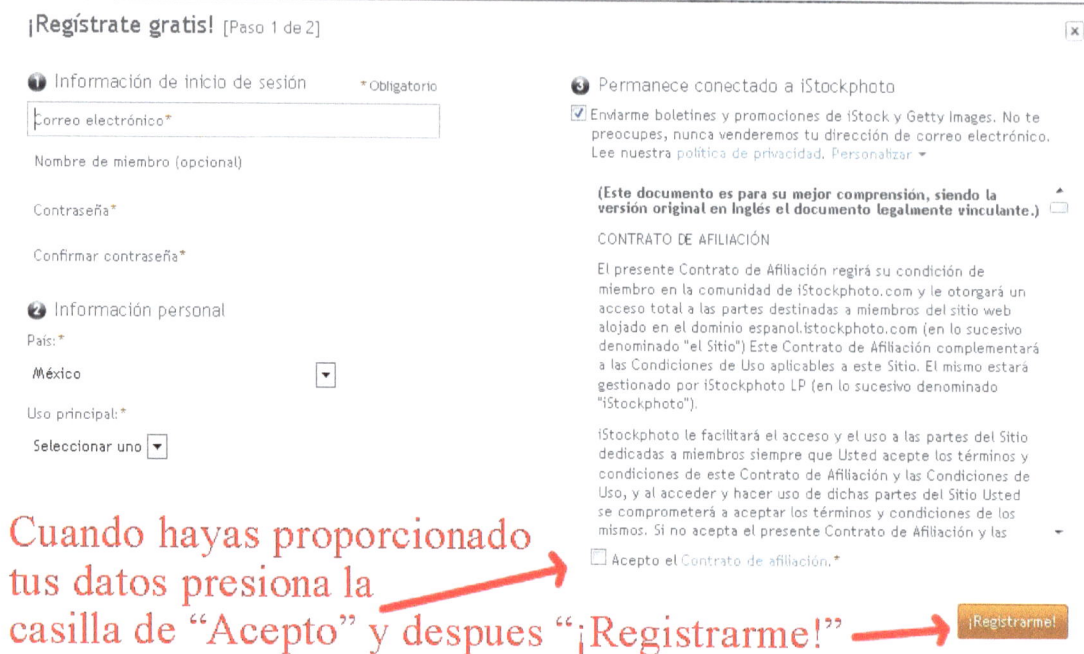

Ya que te hayas registrado, deberás confirmar tu registro en la siguiente página que aparecerá.

¿Cómo vender tu material en iStockphoto?

Existe una pequeña diferencia en iStockphoto para subir tu material y venderlo. En los otros bancos sólo subes tu material, pasa por el proceso de revisión y aprobación o rechazo de tus archivos. En el caso de iStockphoto tienes que hacer una pequeña aplicación para empezar a subir tu material, la aplicación a la que vas a subir tu archivo, depende del área en que te desarrolles, por ejemplo, si haces fotografía tienes que aplicar para esa área, en caso de que hagas video tu aplicación será diferente y si haces foto, video, audio e ilustraciones, tienes que hacer una aplicación para cada una de las áreas. La siguiente imagen muestra la zona para vender tu material:

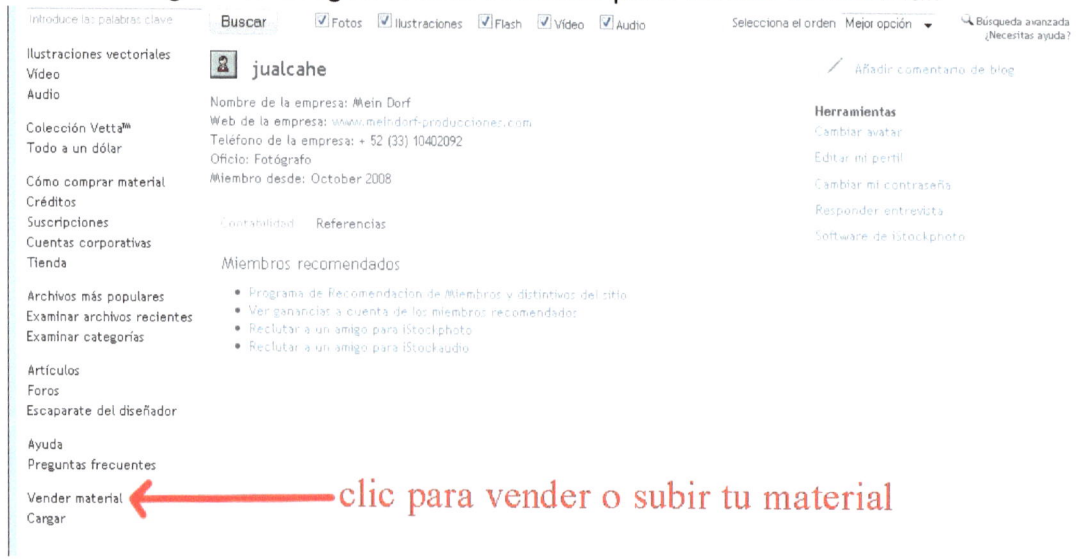

Cuando vayas a la página para subir y vender tu material, podrás observar que efectivamente hay varias aplicaciones. Sigue las instrucciones que te muestra para vender tu material en 3 sencillos pasos, casi estarás familiarizado con estas páginas de bancos de archivos para cuando estés leyendo esta parte.

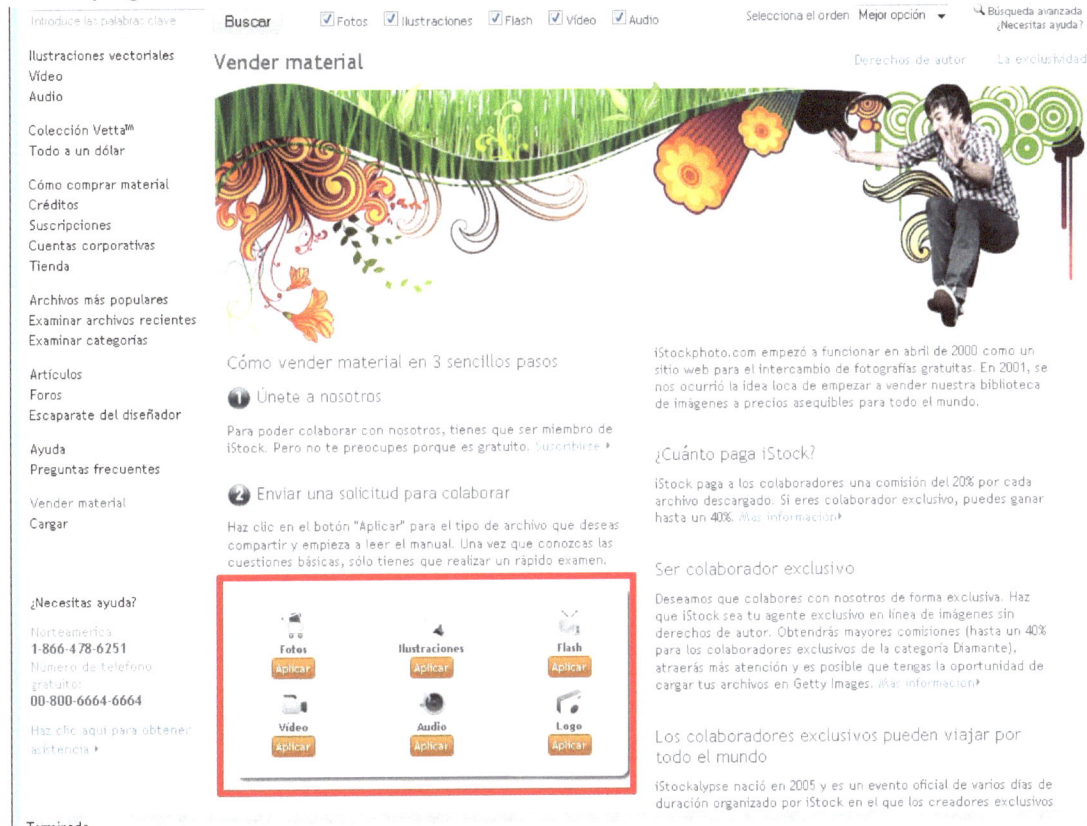

Cuando apliques al área que te corresponde, se te guiará por una serie de pasos y requisitos que debes leer y cumplir para poder proseguir con la venta de tus obras. Lo que a continuación se te muestra, no es diferente a lo que ya hemos visto anteriormente, como propiedad intelectual, los requisitos que debes cumplir, que hacer y que no, etc. Creo que de aquí en adelante, puedes hacer lo que te corresponde como artista y sería redundante explicarte otra vez paso a paso como subir tus obras o archivos, simplemente navega por el banco y te darás cuenta de que cada vez es más sencillo realizar lo técnico, la parte artística va de la mano con la capacidad que cada uno tiene para generar y recibir esos ingresos.

Lo único que puedo recomendarte, es que trates de mejorar día con día para que coseches todos los beneficios que te pueden traer este tipo de negocios.

Continuaremos con el siguiente capítulo, ya no es un banco de archivos, pero es una página que te muestra una gran posibilidad de ingresos si aprendes a utilizarla como artista y como comerciante de tus obras, la única desventaja es que la siguiente página es para fotógrafos, no es de video ni de audio, pero si eres diseñador igualmente te puede dar mucho potencial.

Crea tus propios álbumes artísticos y véndelos

Así es, literalmente puedes crear tus álbumes con las fotografías que más te gusten y venderlo a través de la red en cualquier parte del mundo, sin siquiera contar con tu propia página de internet, esto ya es posible gracias a las plataformas que promueven tu desempeño como artista, echemos un vistazo y aprendamos a hacer nuestros propios libros fotográficos o artísticos y además que se nos pague por hacer lo que nos gusta, además puedes promover tus servicios fotográficos a tus clientes y entregarles un fotolibro de excelente calidad, vayamos pues a la siguiente página:

http://www.blurb.com/my/book/detail/875723   y observaremos la siguiente pag.

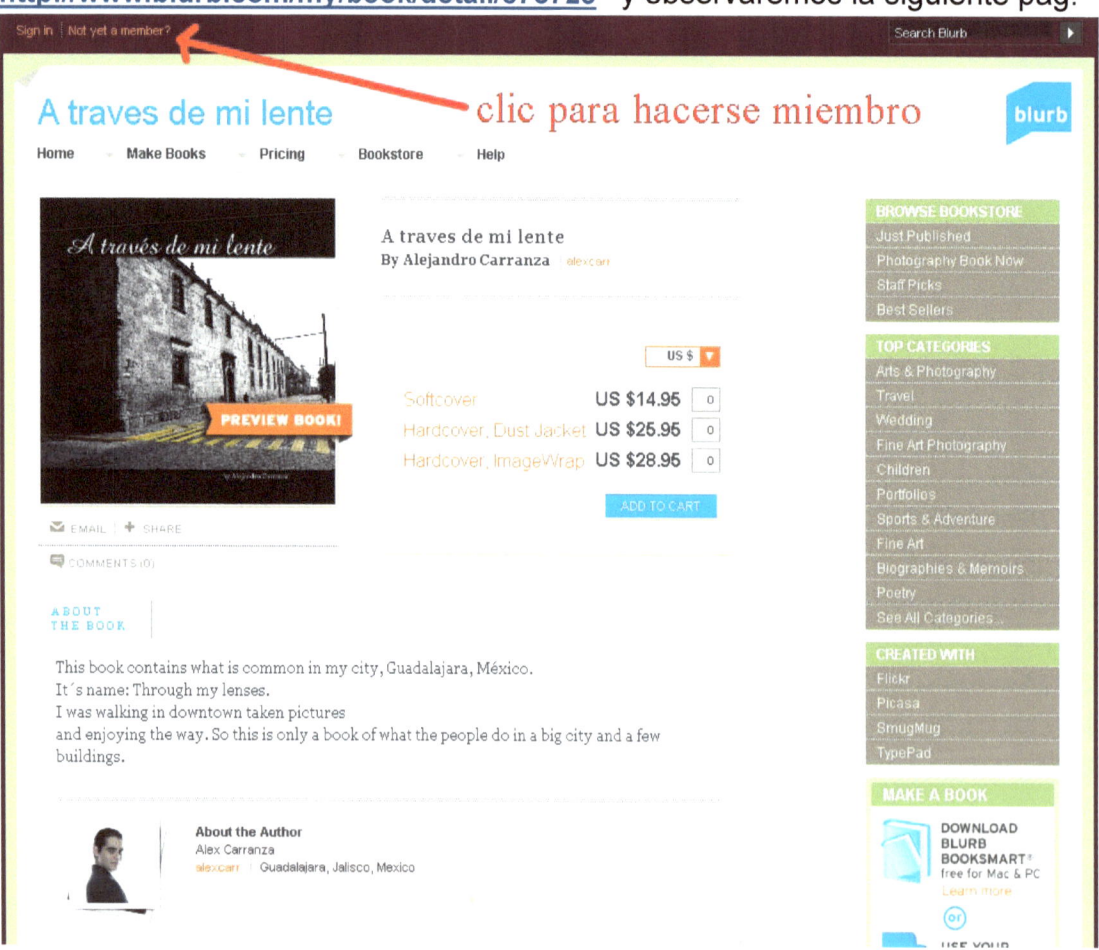

Observa ahora el nombre de la página, esta empresa se llama "Blurb" y se dedica a promover los trabajos fotográficos de cualquier persona que se dedique al medio fotográfico, como ejemplo está una de mis cuentas en blurb, te digo una de mis cuentas, porque creé algunas cuentas para el desarrollo de este libro y están como ejemplo.

En la imagen anterior está señalado con una flecha el vínculo en el que te puedes dar de alta, la desventaja una vez más es que está en inglés, pero tratándose de nuestros ingresos vale la pena conseguir ayuda en la traducción, el vínculo dice "Not yet a member?" (todavía no eres miembro?)

1.- Presionamos ahí y nos redirigirá a la pagina en que tenemos que proporcionar nuestros datos personales una vez más, llena con tus datos reales para que no haya problemas. La traducción está en la imagen siguiente:

2.- Ya que hayas llenado la solicitud y presionado registrar, te mandará a la página de ¡Felicidades! Y pon mucha atención porque para hacer tu libro con tus fotos tienes que descargar el programa que te obsequia blurb a tu computadora. Es un software muy sencillo de utilizar pero muy interesante y muy completo. En esa misma página en que estás hay un link para bajar el programa como lo muestra la siguiente imagen:

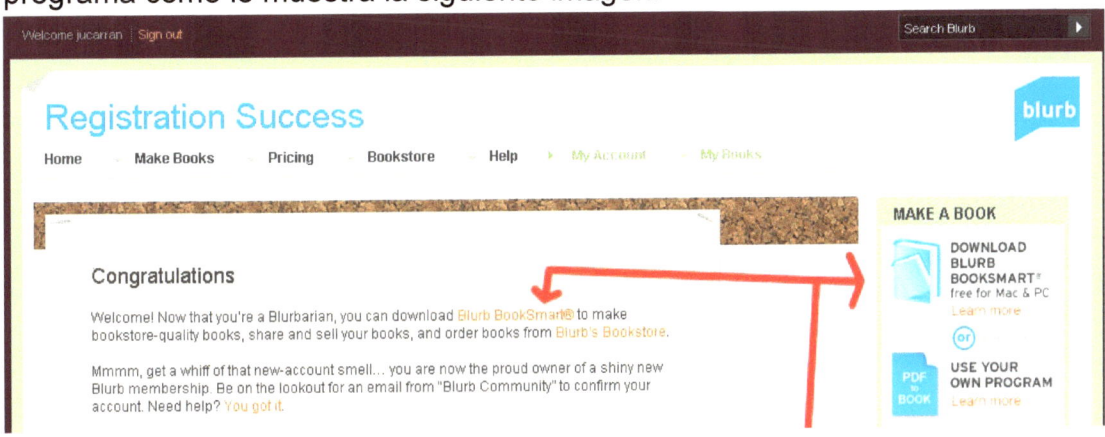

3.- Presiona cualquiera de los dos links que te ofrece blurb para descargar el programa, la descarga es muy sencilla como la mayoría de todas las descargas de cualquier programa desde internet, pero vamos viendo el ejemplo, presionado el vínculo de descarga nos aparece lo siguiente:

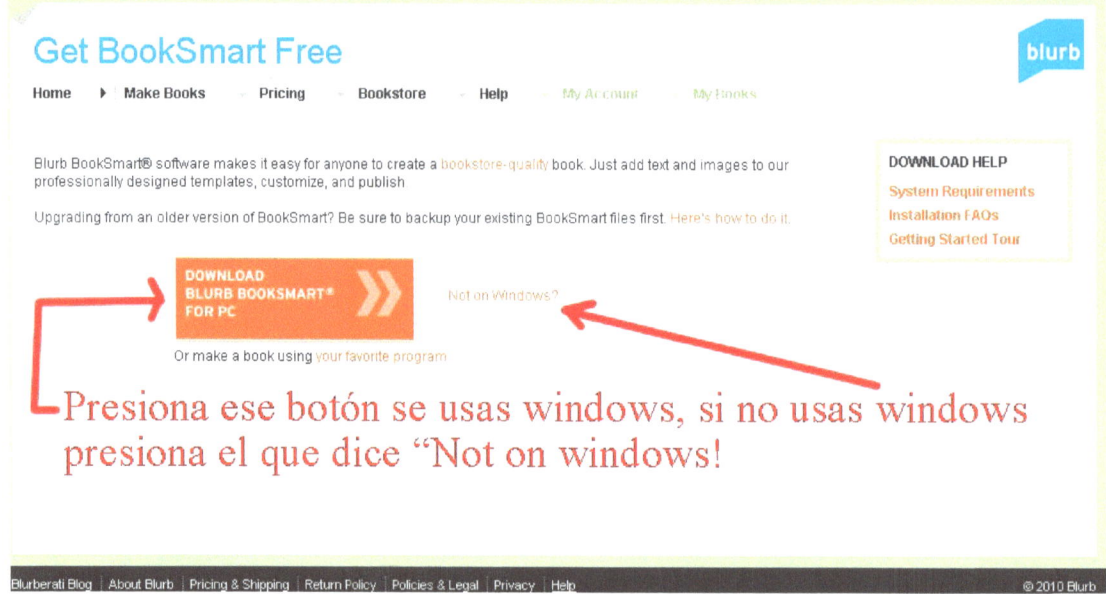

Debes presionar el botón naranja para que inicie la descarga del programa a tu computadora, si no tienes Windows usa el enlace que dice "Not on Windows". También puedes utilizar un programa para hacer archivos PDF, como el que estás leyendo actualmente para la realización de tus libros, aunque sinceramente te recomiendo el programa de Blurb. Continuemos…

4.- Cuando hayas presionado el botón, se te mostrará una ventana emergente la cual te pregunta si quieres guardar el archivo o programa, obviamente le dirás que sí:

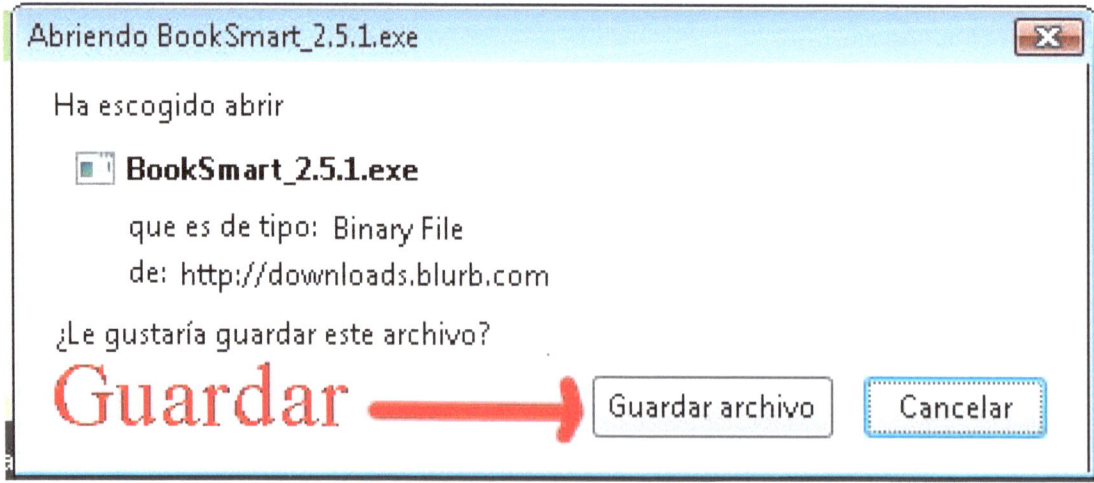

5.- Una vez guardado el archivo hay que instalarlo, para eso hay que abrir la carpeta donde guardamos el archivo, que generalmente es la carpeta de descargas o downloads de tu disco duro del ordenador, y presionamos sobre el icono del programa con doble clic:

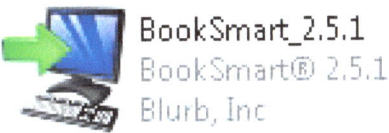

6.- Una vez presionado no comenzará a instalar el programa, se nos preguntará si deseamos ejecutar el programa y presionamos "Ejecutar". La imagen puede variar según el explorador que usamos (FireFox o Internet Explorer) pero técnicamente es lo mismo.

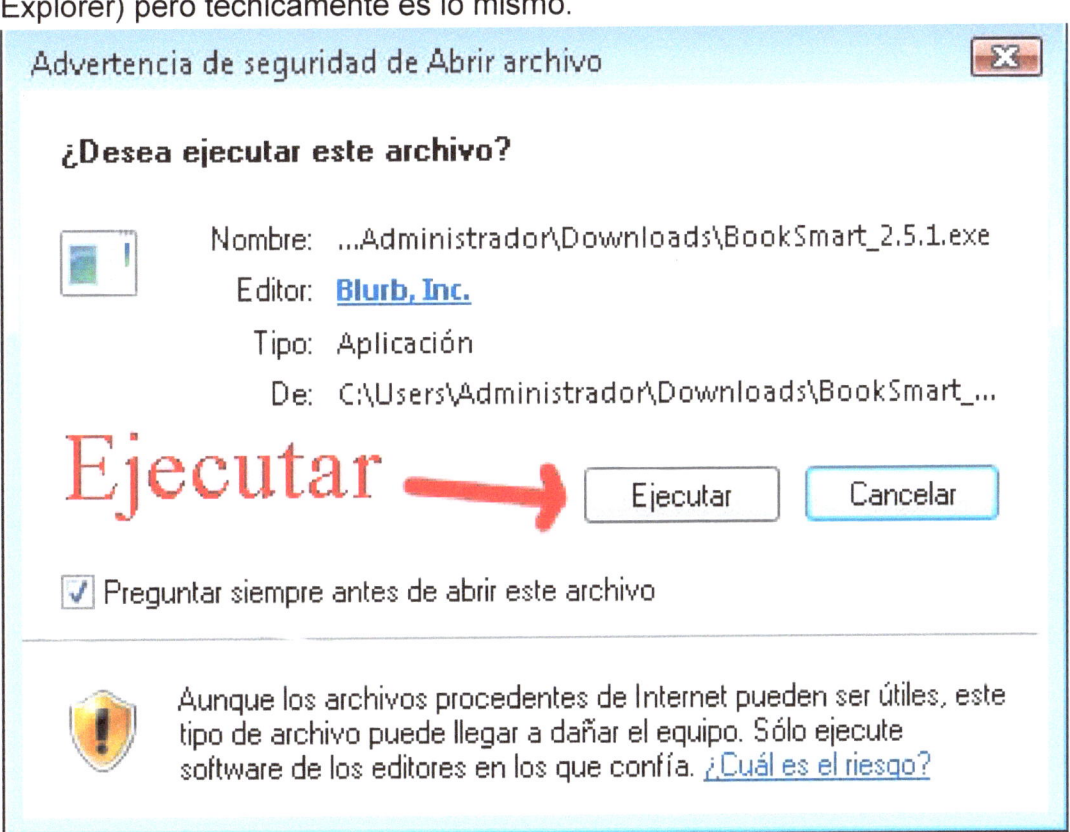

7.- Presionado este botón inicia oficialmente la instalación en tu computadora y nos envía a la configuración de la instalación, la cual es sumamente intuitiva, como cualquier programa. Cierra las aplicaciones que estés realizando en tu computadora para que el programa se instale de forma adecuada y sin problemas. Continúa con la instalación como lo muestra la siguiente imagen.

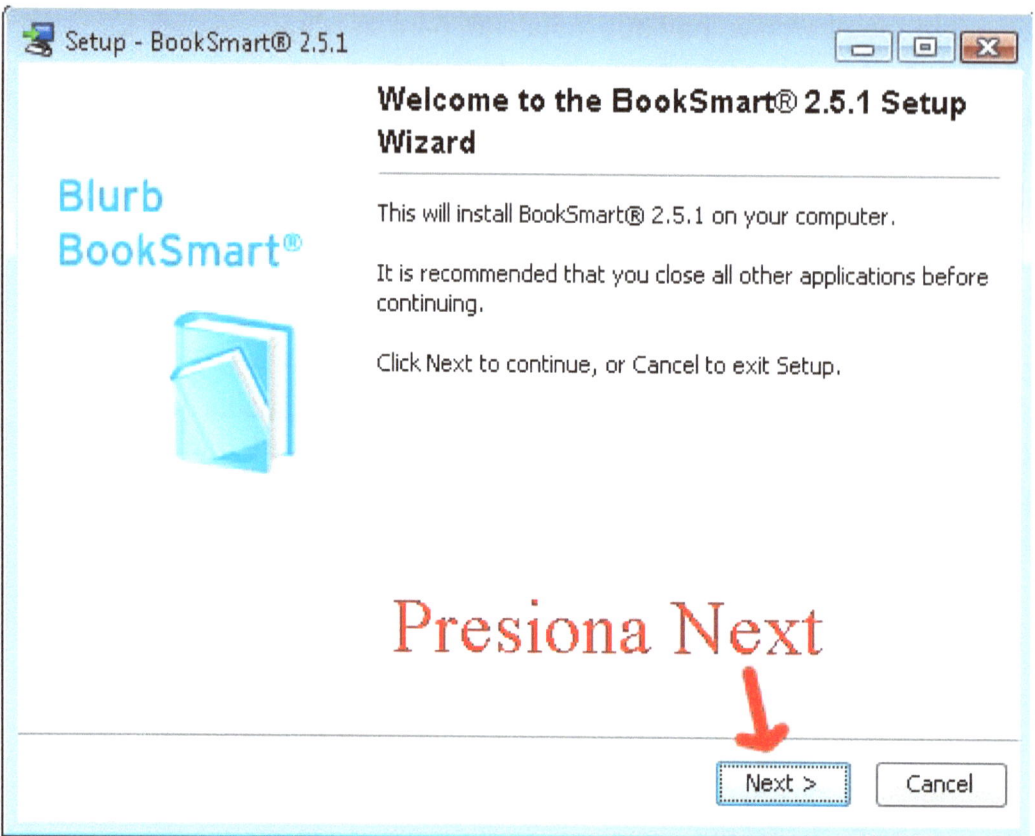

8.- A continuación se te muestra el acuerdo de licencia, de preferencia léelo y una vez terminado, presiona el botón que dice "I Accept the Agreement" (Acepto el Acuerdo), y next.

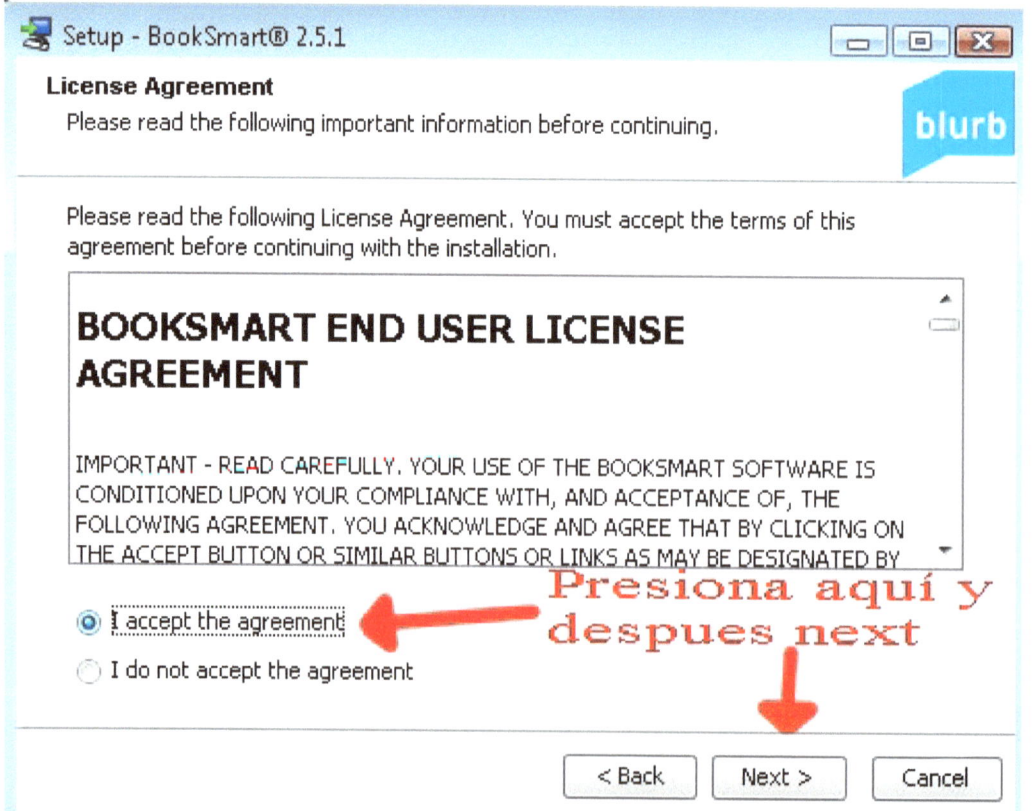

9.- En el cuadro que aparece después presiona una vez más next, es el lugar donde va a quedar instalado en tu Ordenador.

10.- Una vez más next, es para crear accesos directos en tu computadora para iniciar el programa cuando quieras trabajar en el.

11.- Presiona a tu gusto en la casilla que dice "Create a desktop icon" para tener un acceso directo al programa en tu escritorio de la computadora y presiona next.

12.- Inicia la instalación de todos los archivos y configuración, solo espera a que termine. Cuando haya finalizado la instalación solo presiona el botón "Finish" (Terminar) y si tienes marcada la casilla que aparece, empezará a correr el programa. Te recomiendo navegues en él sin miedo para que te vayas familiarizando con el diseño y funciones. Hemos terminado la instalación.

Editando en BookSmart (Software de Blurb).

Ahora indagaremos un poco en el programa BookSmart que ya hemos instalado, para eso iremos al escritorio de nuestra computadora y presionaremos con doble clic en el icono del programa BookSmart para el inicio de la edición.

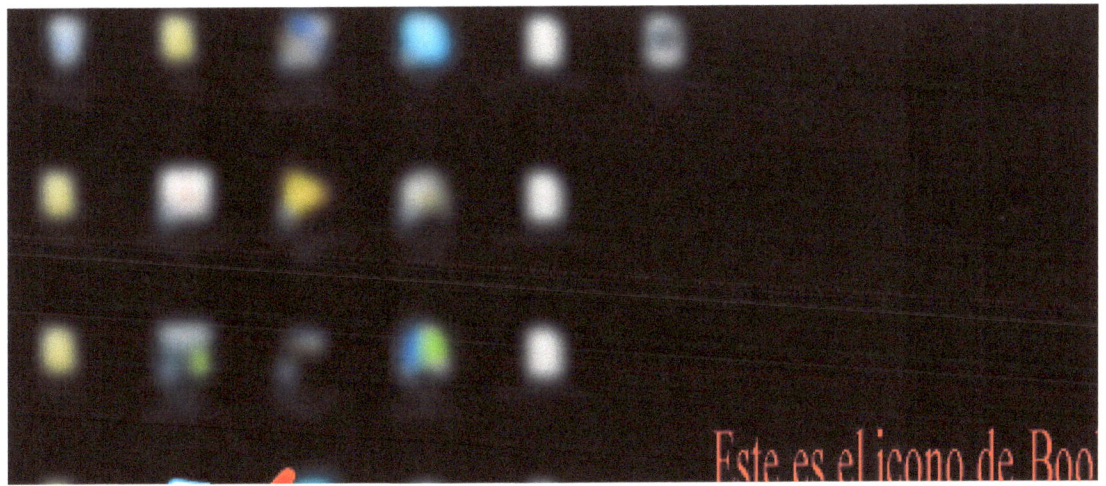

Una vez abierto el programa vayamos a la pestaña de "File" (Archivo) en el menú de la parte superior, y vamos a crear un "libro nuevo" presionamos "New Book" para que nos dirija a la configuración del libro que queremos. (Ver siguiente imagen). En la imagen aparece el último libro que he realizado pero en tu caso no aparece nada.

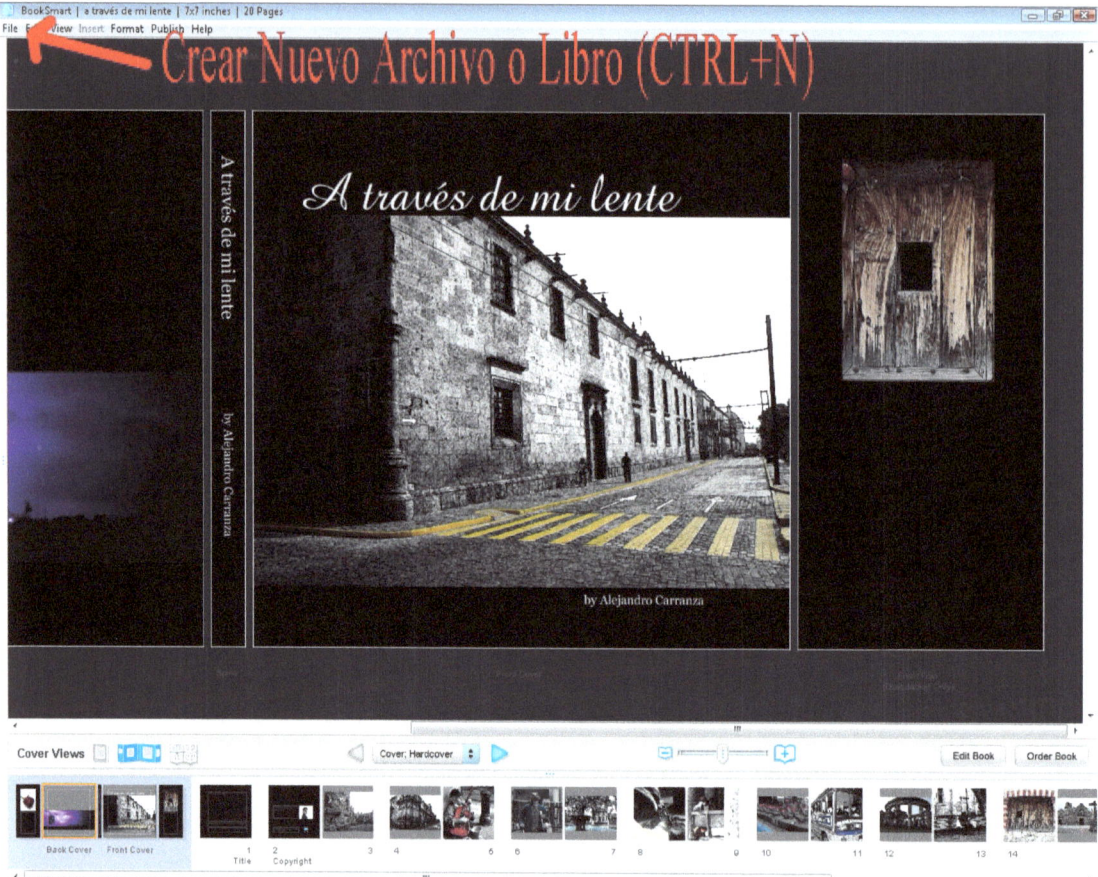

    Cuando hayas presionado en el Menú contextual "New Book" te enviará a la configuración del libro, nos muestra una serie de pasos en los que tenemos que decidir ¿qué aspecto queremos para nuestro libro, tamaño, forma, pasta?, primero escribe el título del libro y el nombre del autor, después escoge el tamaño y tipo de pasta, la medida es en pulgadas para que tomes una regla y sepas exactamente que tamaño requieres, la pasta puede ser dura (Hardcover) o suave (Softcover), simplemente elige.

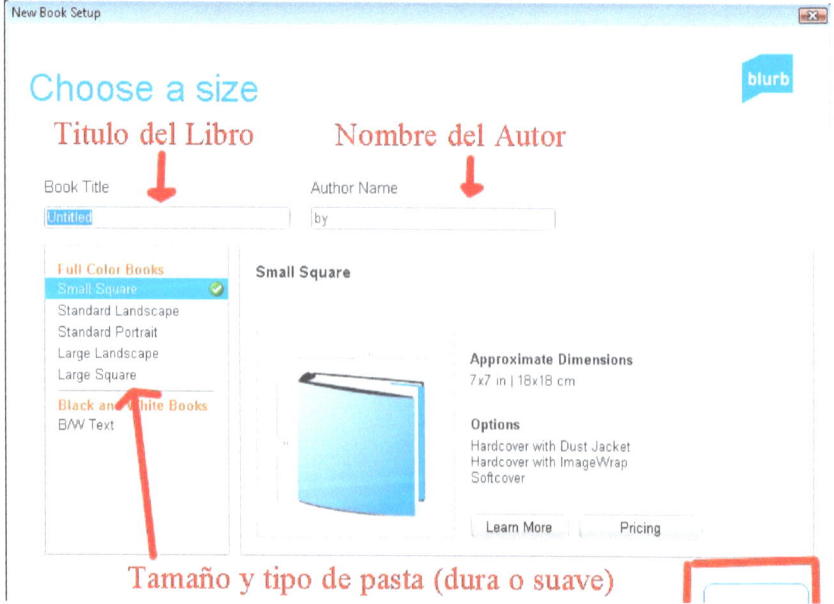

Una vez que hayas elegido presiona continuar, para seguir con las especificaciones y configuración del libro. En la siguiente ventana se te mostrara una serie de plantillas prediseñadas para la elaboración del material, elige la que más te parezca adecuada, puedes realizar un libro de prueba para que te vayas familiarizando con los formatos, de cualquier forma puedes corregir el libro más adelante o durante el proceso de realización, otro detalle muy importante es que puedes ir manipulando la plantilla si no te gusta la elegida. En la siguiente imagen puedes observar las plantillas (Layouts), además tienes otras dos opciones:

a) Dejar que el programa te vaya guiando en la realización del libro, si eliges esta opción es la sección que dice "Guide me" (guíame).
b) Comenzar a hacer el libro por tu cuenta sin ayuda del programa.

Cualquier opción es buena pero te recomiendo la guía si no sabes muy bien como ir haciendo tú libro.

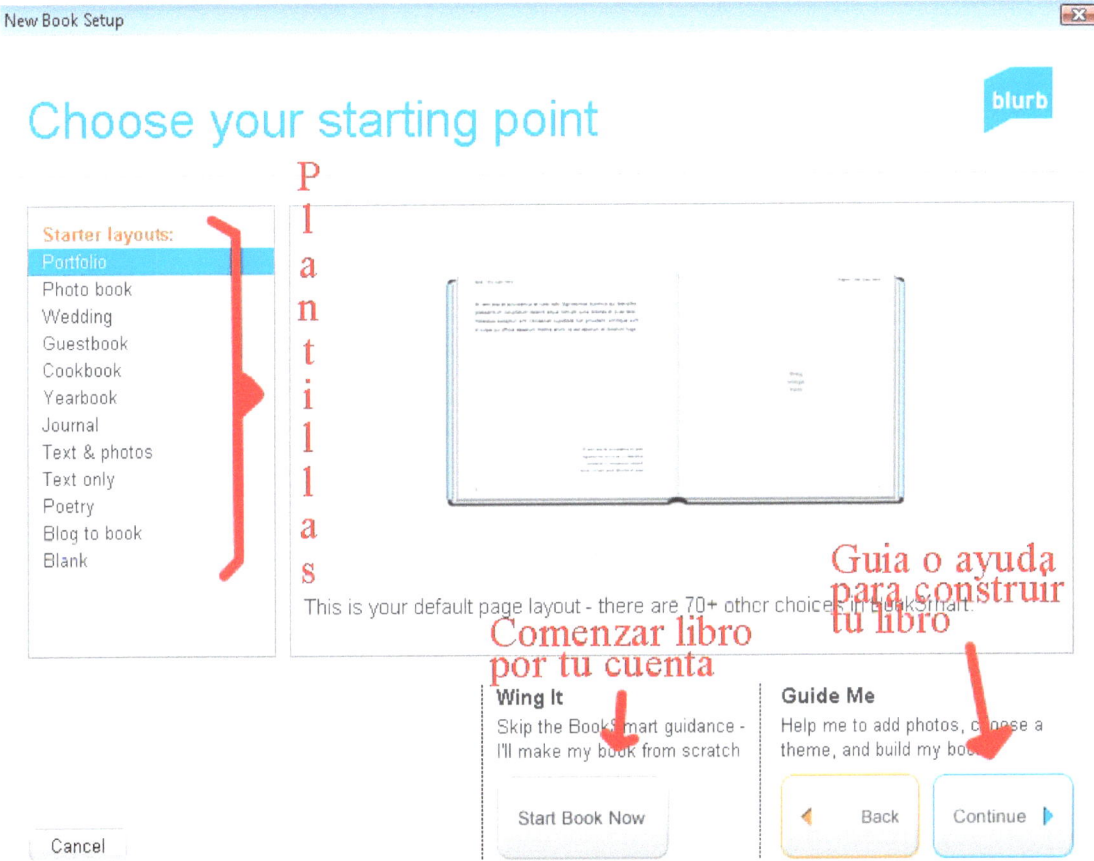

Para efectos de la realización de este manual, elegiré la pestaña de la guía y continuaremos con la realización del libro, presionamos entonces continuar y nos envía a la siguiente sección de configuración. Para obtener imágenes para nuestro libro hay una serie de opciones de donde podemos elegir nuestras imágenes, reitero una vez más en que las imágenes deben ser de tu autoría al igual que el libro por la propiedad intelectual, a menos que estés realizando un libro de para un cliente, como bodas o sociales, que de igual manera las imágenes no deben violar los derechos de propiedad intelectual o creación artística.

Existen tres formas de adquirir fotografías para tu libro:

a) Elegir fotos desde tu computadora: "Get potos from computer"
b) Si tienes amigos con los que quieras asociarte para la realización de tu libro, invítalos como contribuidores: "Contributed Photos"
c) Si tienes alguna red social de fotografía o perteneces a alguno de los grupos que se te muestran en la siguiente imagen, puedes acceder a tus fotos de esos portales y adquirir tus imágenes desde la red: "Photo Sites".

Ya que has seleccionado tus fotos, presionamos en continuar para proseguir con la realización.

A continuación tendrás que elegir un tema para tu libro, es cuestión de gusto o preferencia así que lo dejaré en tus manos, una vez elegido el tema, presiona continuar.

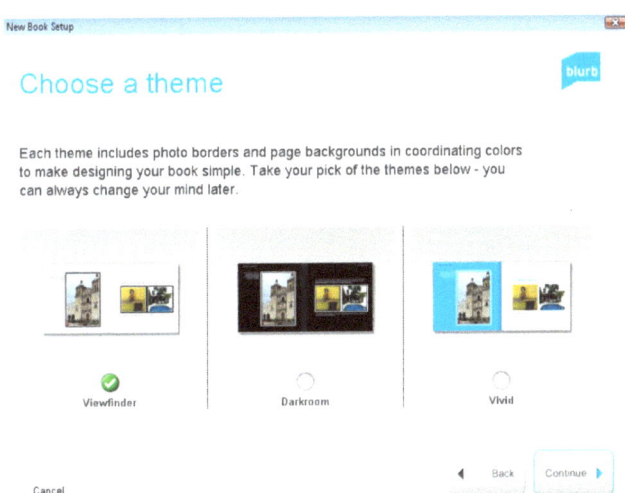

Procese ahora con la realización de tu libro, puedes manipularlo a tu gusto en la sección de ediciones y/o menú contextual, la imagen te muestra una idea simple, pero entre más practiques, más te familiarizarás con la construcción de tus libros.

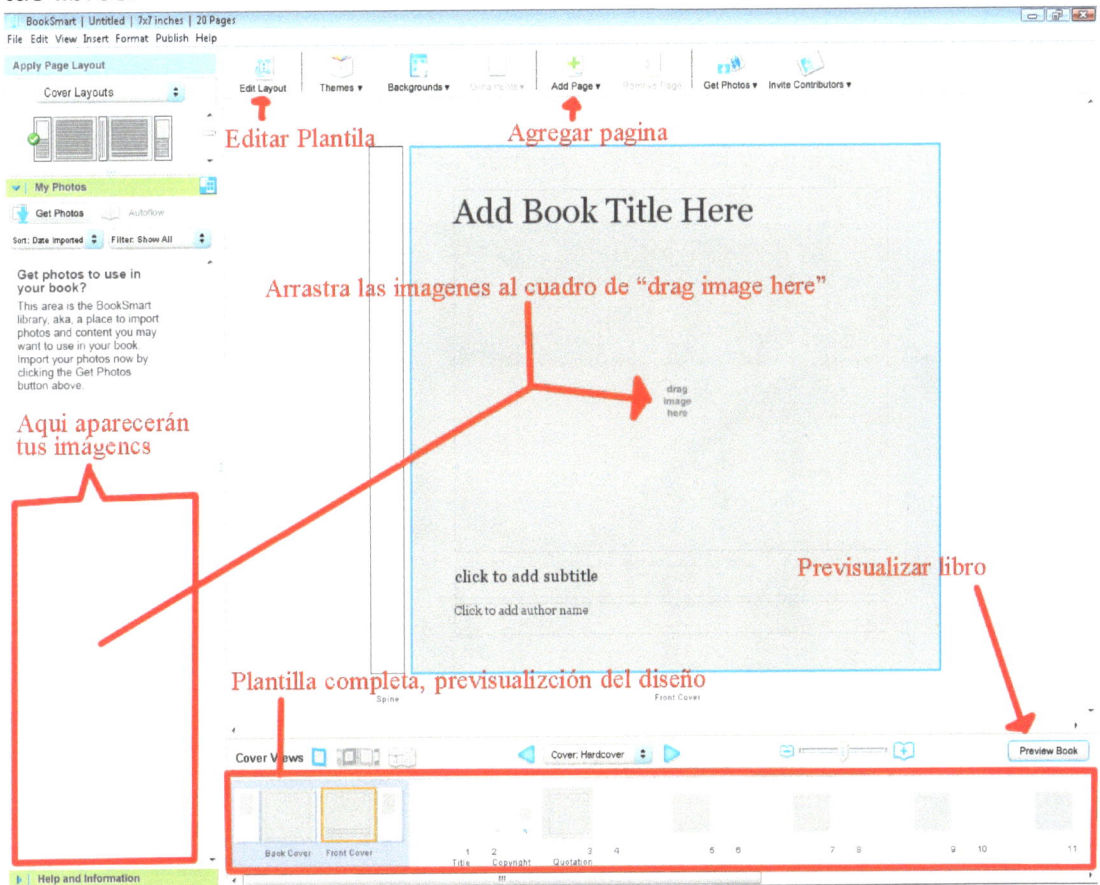

Puedes pre visualizar tu libro en el botón que se encuentra en la parte inferior derecha "Preview book" para que sepas como va quedando tu libro realmente y no te vayan quedando dudas. En las páginas puedes incluir, poemas, escritos, recetas de cocina o cualquier texto que complemente tu diseño o propósito. No olvides ir guardando tu diseño en la pertaña "File" y después "Save" del menú para que no pierdas tu trabajo a causa de variaciones en la electricidad o descuidos.

La única desventaja (y la vez ventaja) de BookSmart de Blurb:

Cuando hayas terminado tu libro y quieras darlo de alta en la página de blurb.com para venderlo, blurb nos exige que se compre una copia de nuestra parte para que lo promueva a partir de la primera copia que tu ordenas, lo podemos ver como una desventaja porque tendríamos que adquirir la primera copia y tendríamos que pagar por el libro, pero la ventaja de hacer esto es que tendríamos una muestra real física de nuestro trabajo para nuestros clientes presenciales, o bien, podemos vender esa misma copia que ya tenemos en nuestras manos a nuestros clientes no virtuales, o simplemente quedarte para tu propio disfrute ese libro físico. La siguiente imagen nos muestra como ordenar nuestro libro, primero entramos una vez más en el botón "Preview book" y una vez dentro existe un botón que dice "Order Book", el cual utilizaremos para realizar nuestra primera adquisición, te recomiendo visitar la página de blurb (a la que previamente te diste de alta) para informarte de las formas de entrega de tu libro y los precios, que de cualquier manera te guiará cuando ordenes tu libro.

Ahora que vas a ordenar tu Primera Copia de tu trabajo, solo sigue las especificaciones que te irán mostrando una vez que presiones "Order Book", te recomiendo tengas un traductor a la mano o un diccionario para que sepas de que se trata, el método de envío (Paquetería o correo normal), precios y cuál te conviene más. Haciendo esto, si tu libro es interesante se irá vendiendo por sí mismo en la página de blurb a través de internet, sin embargo también puedes promocionarlo en las redes sociales que ya utilices como facebook, flickr, myspace, twitter, entre tantas otras.

Entre más libros realices, obviamente de alta calidad y contenido, más provecho artístico y económico puedes ir teniendo, aprovecha este tipo de portales que se dedican a la difusión de medios artísticos.

Como último punto en blurb, te recomiendo de verdad que no descuides tu cuenta en esta página y practica mucho hasta que te familiarices de una manera optima e incluso llegues a dominar y beneficiarte lo más que puedas, navega sin miedo en tu cuenta, participa en los foros, blogs y entrenamientos que te ofrece blurb, ya que así podrás mejorar, si ya eres un experto en internet o este tipo de contenidos, comparte lo que puedas para que todos mejoremos y nos apoyemos, somos parte de un equipo, si tu compartes tu conocimiento tendrás muchísimo más éxito en todo lo que hagas que quedándote todo de una manera egoísta.

Formamos parte de un mundo de oportunidades, el empleo dejó de ser la mejor forma de ganarse la vida, ya no estamos en la era industrial, estamos en la era de la información y el conocimiento, lo que realmente te dejará beneficios económicos es que produzcas ingresos residuales aunque conserves tu empleo, puedes tener esos ingresos extra y fortalecer tu economía, adquiriendo y compartiendo todo lo que tu sepas a tus colegas, es un "ganar-ganar", si tu ganas yo también gano, es el pensamiento de apalancamiento y de todos los grandes millonarios que vemos hoy en día, en lugar de quejarte del gobierno que obviamente nunca cambiará, trabaja en tu propio beneficio, cuando puedas renunciar a tu empleo hazlo, pero asegúrate de contar con ingresos lo suficientemente fuertes para eso, y dejarás de matarte en lugares que ni siquiera te agradan, por tu presente, futuro y el de tus seres queridos, dales calidad de vida contigo presente no en tu trabajo o empleo mata familias.

A continuación te mostraré otra forma de ingresos muy interesante, puedes vender lo que tú quieras, desde tus obras hasta cosas que tengas en tu propio hogar que no necesites y que te hagan mosca o te estorben, las ventas en el mundo es lo que más deja en cuanto a beneficio económico, sea físico o de conocimiento o información todos somos vendedores, no es lo mismo vender tu tiempo en una empresa para la que trabajas, que vender tu conocimiento y habilidades a través de clonarte tu mismo en internet y vendas en todo el mundo, las 24 horas del día, los 7 días de la semana sin estar presente físicamente.

Otras formas de vender tus obras artísticas físicas o virtuales.

Continuamos en nuestra búsqueda de portales de internet, que hagan el proceso de venta por nosotros y beneficiarnos todas las partes involucradas, en este capítulo entran o caben todo tipo de artistas o comunidad en general, desde un fotógrafo hasta un escultor puede vender sus obras o servicios, incluyendo a tu mamá o tío, abuelo o esposa(o) pueden verse beneficiados por este tipo de portales vendiendo cuanto se les ponga por su paso, claro que pertenezca a nosotros. Quiero que sepas que estos portales ya son muy famosos, pero no todos hemos aprovechado sus beneficios, así que no te sorprenda conocerlos o haber oído hablar de ellos. Comencemos pues con el primer portal de venta, es muy importante que des clic en los vínculos que van apareciendo, sino puedes dar clic, entonces escribe en el navegador la dirección siguiente: **http://pmstrk.mercadolibre.com.mx/jm/PmsTrk?tool=571829** y nos enviará a la siguiente página:

Una vez ingresado en la página elige el país donde radiques actualmente, observa y te darás cuenta que este portal es sólo para Latinoamérica y Estados Unidos, si no radicas en ninguno de estos países solo continua leyendo y se te mostrará otra oportunidad en caso de que pertenezcas a España o el resto del mundo.

Cuando hayas elegido tu país continuaremos con el registro, que también es gratuito en este portal, no se tiene que pagar en sólo centavo por registrarse y formar parte de este equipo internacional. Continuemos…

Cuando elijas tu país, Mercado Libre te enviará a la página principal de su portal de ventas. De ahí procederemos con nuestra suscripción, solo busca a continuación el vínculo que diga "Inscríbete" que mostraré en la siguiente imagen:

Como en todas las plataformas que hemos utilizado, cuando presionamos el vínculo "Inscribirse" se nos mostrará una página donde hay que colocar nuestros datos personales, a esta altura ya sabrás que debemos colocar nuestros datos verdaderos para no tener problemas y poder cobrar o vender lo que queramos, son tres pasos a seguir para completar nuestra aplicación al sistema de Mercado Libre, esta misma empresa te irá guiando en el proceso de suscripción, simplemente síguela en orden.

Te recomiendo ampliamente leas el acuerdo, los términos y las condiciones que Mercado Libre te presenta, porque hay algunas cosas que no debes pasar por alto cuando de profesionalismo y ética se trata.

Estos portales ya nos ayudan bastante con vender nuestras pertenencias alrededor del mundo, sólo tienes que ser claro, limpio, profesional y ético con lo que Mercado Libre te pide a cambio. Recuerda que estos son negocios por lo que tienes que cuidar tu reputación con Mercado Libre y con las personas a las que ofreces tus productos, obras y/o servicios.

¿Qué es Marcado Libre?

Mercado Libre es una compañía pública de tecnología que ofrece soluciones de comercio electrónico para comprar, vender y pagar de todo a través de Internet.

Ofrece a su comunidad de usuarios dos servicios principales:

- MercadoLibre.com, la mayor plataforma de compras y ventas por Internet de América Latina.
Compradores y vendedores se encuentran para intercambiar información y realizar transacciones de comercio electrónico con una amplia gama de productos y servicios, a precio fijo o en subasta. También permite que los vendedores publiquen vehículos, inmuebles y servicios en una sección exclusiva de avisos clasificados en línea. En la plataforma de MercadoLibre.com diferentes anunciantes pueden realizar sus campañas de marketing on line a través de la adquisición de impresiones de banners.

- MercadoPago.com, la mayor plataforma de pagos por Internet de origen latinoamericano

    Permite pagar compras y enviar y recibir dinero por Internet de forma fácil, rápida y segura. MercadoPago puede utilizarse tanto para pagar compras realizadas en MercadoLibre como en cualquier otro comercio electrónico o a la calle, dependiendo del país.

Una vez que hayas creado tu cuenta y haya sido validada, te recomiendo una vez más vayas a la sección de capacitación, foros, blogs y a todo lo que puedas entrar para verte beneficiado de la manera más profesional que puedas, estos lugares pueden parecer muy comunes, pero son extremadamente profesionales con lo que hacen. Mercado Libre tiene una amplia gama de tutoriales para entender su funcionamiento y saques el mayor provecho, además existen varias conferencias presenciales y virtuales para comerciantes de este portal, aprovéchalos si los ves en tu ciudad, mercado libre te mantendrá informado de todo a través del correo electrónico que registraste, para acceder a los tutoriales, capacitaciones, club de socios de mercado libre, te sugiero navegues sin miedo por todo el portal, pero te recomiendo comiences con los tutoriales, que puedes encontrar en tu panel de control de tu cuenta en ML, en la parte inferior izquierda, que se llama "Links Relacionados" elige la opción de "Centro de Vendedores" y ahí encontrarás toda la capacitación paso a paso para que comiences a generar tus ventas.

La imagen a continuación lo muestra más claramente en tu panel de control:

Cuando estés dentro de la página del "Centro de Vendedores", ve a la sección que dice "Soy Nuevo" y encontrarás toda una gama de tutoriales para que comiences a vender de forma exitosa todas tus obras o cualquier producto que desees. Puedes ahora comenzar en el punto "Número 2" que se llama "Aprende a Vender" ya que el punto número 1 ya lo hemos realizado, es la inscripción. Observa la siguiente imagen como referencia:

Puedes navegar si lo deseas por todo el portal de mercado libre para que vayas familiarizándote con él, pero te recomiendo comiences aprendiendo lo más básico para que puedas realizar ventas lo más pronto posible, verás que sencillo y práctico es que te ayuden a vender lo que tienes con una inversión ridícula. Si quieres sacar el máximo provecho con estos portales debes aprender lo más que puedas a través de los tutoriales y por tu propia experiencia, recuerda ser muy serio y profesional con tu negocio para que tus clientes vuelvan contigo y te recomienden en lugar de quedar mal por falta de preparación.

Otra forma de aprender a vender en Mercado Libre.

En tu Panel de Control de Mercado Libre, hay una sección de mensajes en la parte superior, te recomiendo altamente que los leas porque muchas veces existen ofertas, o hay tutoriales en Video de Mercado Libre y hay Universidades que se encargan de Capacitarte en Ventas de estos portales, aprovéchalos al máximo.

Otras formas de vender tus obras artísticas físicas o virtuales. "Portal No.2"

Si radicas en España, el resto de Europa o en Estados Unidos de América (USA), entonces el primer portal (Mercado Libre) no es el indicado para ti porque solo se reduce su servicio a Latino América, pero el segundo portal, es más conocido a nivel mundial, sin embargo entraremos de la misma manera en que se ingresa el primer portal, es decir, en la misma página, sólo seguirás unos pasos diferentes para ingresar i registrarte, ingresa pues en http://pmstrk.mercadolibre.com.mx/jm/PmsTrk?tool=571829 Te aparecerá la misma página, solo que en lugar de elegir un país latinoamericano, elegirás el que tiene la bandera de Estados Unidos (USA), no importa que estés en España o el resto del mundo, cambiaremos al idioma español una vez seleccionado.

Cuando hayas seleccionado "eBay" te enviará a dicha página que estará en inglés, sin embargo la cambiaremos a español para efectos de este manual de la siguiente forma:

*Nota: si radicas en Estados Unidos es mejor que continúes en la página que abrió a menos que no tengas conocimientos del idioma inglés. Si radicas en Latinoamérica puedes hacer DropShip para vender desde estos portales, veremos que significa, más adelante en otro tema.

1.- Dirígete a la parte inferior de la página que abrió con el vínculo de "eBay" y observarás que puedes cambiar el portal al país donde estés radicando, a continuación elige el tuyo y presiona el vínculo. (Ver Imagen siguiente)

¡Bien!, ahora que has cambiado el idioma a Español o país de España (Spain), procederemos a registrarnos al igual que lo hemos hecho en todos los portales recomendados en este manual. Primero deberás estar en la página que se muestra en la siguiente imagen:

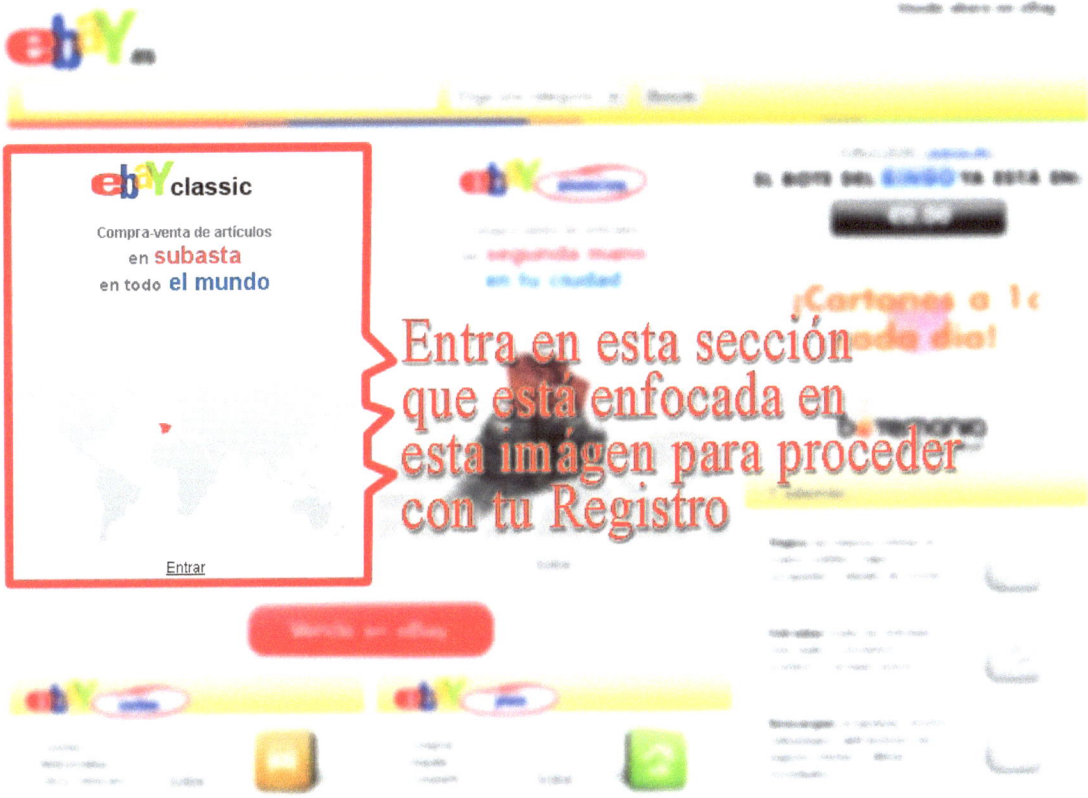

Cuando hayas entrado en la sección mencionada en la imagen anterior procede con tu registro en la parte superior izquierda de la página siguiente, donde dice: "Identifícate o regístrate", obviamente elegirás "Regístrate" y cuando ya hayas creado tu cuenta, para entrar en ocasiones futuras seleccionarás la opción de "Identifícate". La siguiente imagen muestra el ejemplo:

El proceso de registro es el mismo que en todas las plataformas anteriores, llena los espacios correspondientes con los datos que te solicita "eBay", cuando termines de llenar los espacios, lee los términos y condiciones, marca la casilla de que aceptas los términos y la política y presiona en continuar.

Al igual que en la plataforma de Mercado Libre, tienes un panel de control de tu cuenta en eBay, y puedes acceder a él cuando hayas terminado con el proceso de registro. Siempre revisa tu correo electrónico porque para que tu cuenta quede creada, debes confirmarla por medio del correo electrónico que eBay u otras plataformas te envían y presionar sobre el vínculo que aparece dentro de ese mensaje. Ver siguiente imagen de ejemplo del correo:

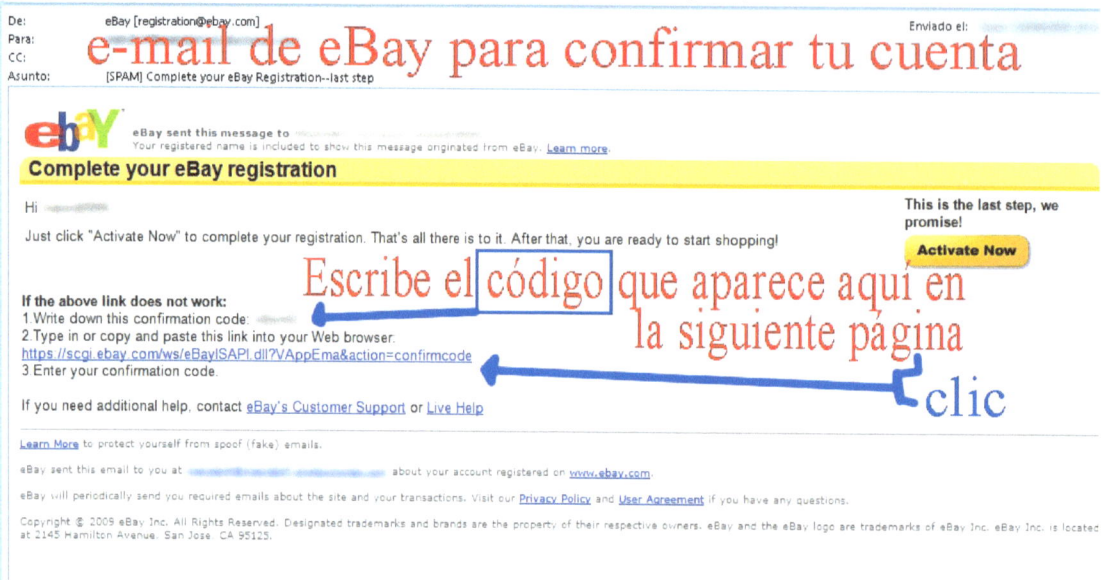

Si este correo no aparece en tu bandeja de entrada de tu cuenta de correo, búscalo en el "Spam" o "Correo no deseado". Este es el último paso para crear tu cuenta en eBay.

Confirmada tu cuenta, puedes ingresar a tu panel de control, para empezar a vender por esta plataforma, pero, al igual que en Mercado Libre te recomiendo que navegues por toda la plataforma para que te familiarices con ella, y queda implícito el hecho de que veas los tutoriales de eBay para que sepas como vender de una forma más efectiva y sin problemas, cuida también tu reputación, no ofrezcas algo que sepas que es mentira o fraude porque tu reputación está en juego. Puedes entrar en tu cuenta o Panel de Control desde la pestaña "MI eBay" y comenzar a trabajar con la plataforma sin ningún problema desde ahora (Ver siguiente imagen. Para cobrar o pagar puedes usar PayPal, es una plataforma de negocios virtuales muy parecida a un banco, sólo que es internacional y por Internet, veremos acerca de PayPal en el siguiente capítulo.

PayPal: El Banco Virtual

¿Qué es PayPal?

Es la plataforma más completa y confiable para hacer o recibir pagos a través de internet, sin revelar su nombre o número impreso en su tarjeta de crédito o débito. Actualmente la mayoría de las tiendas virtuales incluyendo eBay, Skype entre muchas otras, trabajan a través de PayPal, es como tener su billetera en internet lista para recibir dinero o pagarlo sin riesgo de fraude.

Por supuesto que a todos los que recibimos dinero por internet nos conviene formar parte de este portal de negocios, tan es así que tú estimado lector recibiste este manual porque lo adquiriste o lo pagaste muy probablemente a través de PayPal. La mayoría de los portales que te he recomendado te pagarán tus ingresos a través de esta plataforma, además hay un sin fin de posibilidades de recibir ingresos en tus futuros negocios a través de este portal.

PayPay nos brinda la gran ventaja de que podemos aceptar tarjetas de crédito o débito por parte de nuestros consumidores sin tener que procesar o tramitar largos y tediosos acuerdos bancarios para el mismo fin, los acuerdos de PayPal con los bancos ya están hechos y nos proporciona la ventaja de cobrar desde una tarjeta de crédito de cualquier consumidor en el mundo, podemos enviar además esos cobros por correo electrónico de una manera totalmente legal y se nos paga a través de PayPal en internet.

Comencemos a vincularnos o registrarnos a PayPay, el registro es gratuito.

Ingresemos en la siguiente página para registrarnos:
https://www.paypal.com/mx/mrb/pal=X9WS7SKDG9CB8 y se nos dirigirá a la siguiente página de internet:

Lee el contenido de la página y luego recurre o procese a registrarte, cuando presiones el vínculo de registro te enviará a la siguiente página (ver siguiente imagen). En la que te da tres opciones de registro:

1.- Cuenta Personal: es sólo para personas que quieren comprar por internet pero no recibir pagos. (No te lo recomiendo porque vas a generar ingresos)
2.- Cuenta Premier: Es para personas que compran y venden por internet, es más para negocios y compras (Te sugiero te registres en este plan, porque este va a ser tu método de negocios y además puedes comprar).
3.- Cuenta Empresas: Como su nombre lo indica, es para personas morales o empresas registradas legalmente como tales. (Podrás usar este tipo de cuenta cuando tengas más experiencia y una empresa más desarrollada).

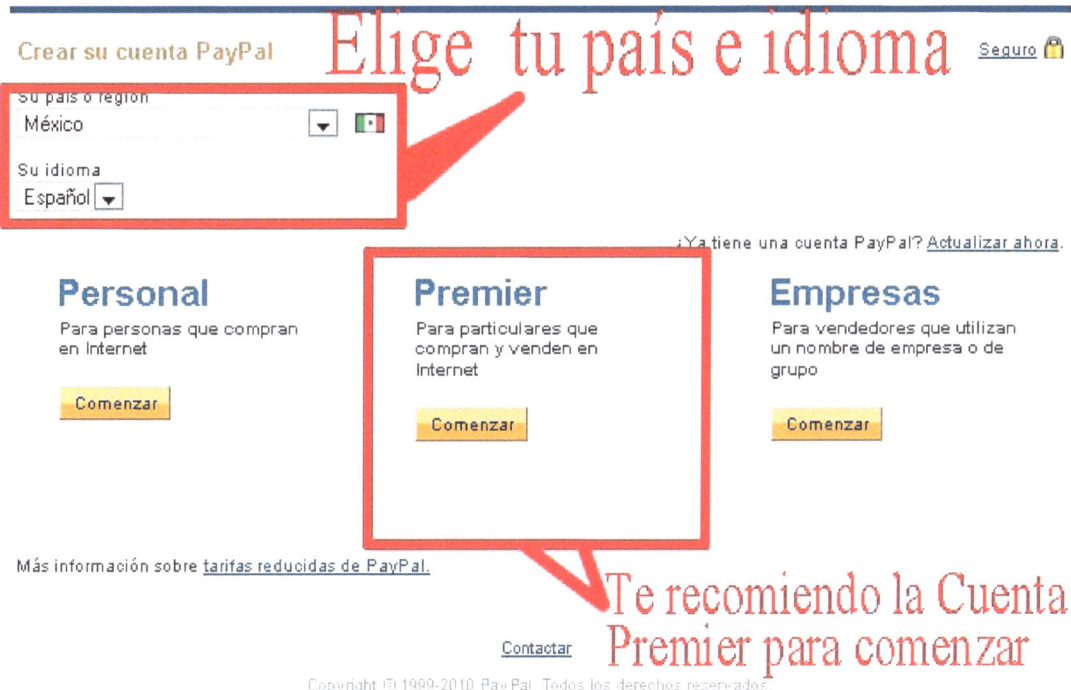

Accede a la cuenta Premier que por lo pronto es la más indicada para comenzar a generar ingresos y cobrarlos. Al igual que todas las demás plataformas, tendrás que llenar el formulario de registro con tus datos verídicos, aunque a diferencia de los demás, deberás registrar una tarjeta bancaria de tu propiedad, ya sea de débito o de crédito no hay mucha diferencia, esta tarjeta deberá pasar por una serie de requisitos para que pueda ser aprobada por PayPay y puedas recibir tus pagos de las diferentes plataformas de las que está generando pagos. Procede pues con tu solicitud, llena los espacios con la documentación requerida:

Introduzca su información. Seguro 🔒

Llene todos los campos.

Correo electrónico
Lo utilizará para identificarse en PayPal

Eligir una contraseña
mínimo de 8 caracteres

Volver a introducir contraseña

Nombres

Apellidos

Fecha de nacimiento ¿Por qué?
DD MM AAAA

Nacionalidad
México

Línea de dirección 1:

Línea de dirección 2: (opcional)

Ciudad

Estado   Código postal

Siempre es muy bueno leer los términos y condiciones de cualquier plataforma y/o negocio al que vayas a ingresar para que no haya malos entendidos y sepamos qué se puede y qué no se puede hacer.

Cuando hayas terminado con la solicitud, revisa tu correo para confirmar la cuenta como lo hemos hecho en plataformas anteriores, después ingresa en tu cuenta para comenzar a trabajar con ella.

www.ingramcontent.com/pod-product-compliance
Lightning Source LLC
Chambersburg PA
CBHW050859180526
45159CB00007B/2731